イチから学ぶ
企業研究

―大学生の企業分析入門―

小野正人 [著]

創 成 社

はじめに

『ゼミや就職活動で企業を調べないといけないけれど，どうやっていいかわからないし，何だかとっつきにくい・・』という大学生は多いと思います。本書は，大学生が初めて企業研究を行うために必要なことについて書きました。企業研究とは，企業の大半を占める株式会社を，学校での勉強や就職活動の準備，さらには卒業後の実社会の仕事に向けて，会社情報，事業，市場，経営の特徴，長所短所などの情報を収集し分析することを全般的に表現しています。もちろん，経営学や経済学の専門分野でも企業研究は行われる機会がありますが，本書は対象と内容を絞り，初学者がどのようにすれば分析できるのかについてわかりやすさを重視した解説をすることにしました。

　皆さんは企業の名前であれば何十社も知っているでしょう。毎日のようにその会社の製品やサービスを使っていますが，会社の中身は関心が薄いというか，普段はあまり考えたことがないと思います。売っているものには興味があっても，企業研究となると難しく感じます。企業を調べるとなると情報通信や工学のテクノロジーを使う分野も含まれますし，経済や金融も複雑に関係していますから敬遠する人が多いと思います。

　といっても，企業研究をしっかりやろうと思っている人が少ないわけではないと思います。世の中では「取引する会社を調べることは仕事の基本」といわれます。就職活動でも会社を選んだり訪問したりする前には企業研究が大事という指摘は聞いたことがあるでしょう。そういった大学生向けに，昭和の昔から毎年何十冊も業界研究の本や就職四季報といわれる会社のガイドブックが出版されてい

ます。リクルートといえば就職情報サービスの最大手ですが，同社は今から数十年前の1962年に『企業への招待』という就職情報誌を刊行しました。これが日本で初めて学生が企業研究をするための情報をまとめたメディアであり，現在の就職ポータルサイト「リクナビ」につながっています。

　ところが，ガイドブックが出回っていても肝心の読み手である学生が膨大な情報を使いこなせない状況が毎年続いています。企業の調べ方を学んでいないので，情報を整理して判断できていないのです。こういう「**学生と企業情報の間にあるギャップ**」を解決するために，皆さんに企業を調べる力，企業を見る目を養ってほしいと思います。それは短い就活期間に求められると同時に，大学卒業後の長い社会人人生において必要な能力です。

　実際のところ，企業研究を短時間でマスターすることは難しいと思います。世界中でさまざまなビジネスが行われ，その仕組みも複雑で，とても会社の個々の事業まで理解しきれません。しかし，知らない言葉の意味を知れば新聞記事が読みやすくなるように，基本的な仕組みやルール，用語を理解することが効率的な学び方です。そこで，**本書は初学者が知っておきたい企業研究に関する知識と情報の処理方法についてのノウハウを**，本書の名前通りに一からカバーするつもりで書いてみました。短時間でわかりやすく読めるように，全50節のパートを各2ページで簡潔に解説しています。これが本書の特徴です。

　皆さんは，企業研究とはどういうものなのか，どうやれば自分もうまく企業を調べられるようになるかと思って読みはじめられたのでしょうか。もしそうであればぴったりの読者です。次から述べる内容が一助となれば大変うれしく思います。

　令和4年6月

小野正人

目　　次

はじめに

第 1 章　企業研究の学び方 ——————————— 1

1　企業研究とは何か ………………………………… 4

2　企業研究の特徴 …………………………………… 6

3　企業情報源を知る ………………………………… 8

4　大量の情報を紐解く ……………………………… 10

5　企業研究の段取り ………………………………… 12

6　定量分析と定性分析 ……………………………… 14

第 2 章　企業の仕組みを知る ——————————— 17

7　企業と会社 ………………………………………… 20

8　会社の歴史 ………………………………………… 22

9　株式会社 …………………………………………… 24

10　株主と株式会社 …………………………………… 26

11　上場会社と未上場会社 …………………………… 28

12　グループ経営 ……………………………………… 30

13　連結と単体 ………………………………………… 32

第 3 章　企業を効率的に知る ——————————— 35

14　企業を調べる効率を上げる ……………………… 38

15　ホームページで会社を概観する ………………… 40

16 インターネット情報を活用する …………… 42

17 会社四季報を活用する ………… 44

18 会計を理解する ………… 46

19 会社決算の基本 ………… 48

第**4**章 企業情報を収集する ──────── 51

20 正確な企業情報を収集する ………… 54

21 投資家向けウェブサイト ………… 56

22 有価証券報告書を読み込む ………… 58

23 会社の公表資料を活用する ………… 62

24 未上場会社を調べる ………… 64

第**5**章 財務分析 ──────────── 67

25 分析のプロセス ………… 70

26 財務分析とは ………… 72

27 重要なファンダメンタル分析 ………… 74

28 決算書が読みにくい理由 ………… 76

第**6**章 収益性分析 ───────── 79

29 収益性分析で使用する指標 ………… 82

30 株主は ROE 重視 ………… 86

31 収益性の国際比較 ………… 88

第**7**章 成長性分析 ───────── 91

32 成長性分析とは ………… 94

33 成長性と企業評価 ………… 96

34 GAFAM を分析する ………… 98

第8章　安全性分析 ──────────────── **101**

　35　短期的な安全性：支払能力 …………………… 104

　36　長期的な安全性：財務の健全性 ……………… 108

第9章　効率性分析 ──────────────── **113**

　37　効率性分析の指標 ………………………………… 116

第10章　比較と表現 ─────────────── **121**

　38　企業分析の基本動作は比較 …………………… 124

　39　わかりやすい図表を作る ……………………… 126

第11章　定性分析 ──────────────── **131**

　40　定性分析の特徴 ………………………………… 134

　41　財務諸表に出ていない企業価値 ……………… 140

　42　定性分析の問題点 ……………………………… 142

第12章　社会性と企業統治 ───────────── **145**

　43　企業の社会性とは ……………………………… 148

　44　社会性の評価手法 ……………………………… 150

第13章　セグメント分析（事業部門分析） ──────── **153**

　45　グループ経営とセグメント情報 ……………… 156

　46　セグメント分析を行う ………………………… 158

第14章　株式市場の企業評価 ──────────── **163**

　47　株式市場における企業価値 …………………… 166

48 企業業績と株価 ……………………………………… 168

第15章 海外企業の企業分析 ——————————— 173

49 海外企業の仕組みを知る ……………………… 176
50 アメリカ企業を分析する ……………………… 180

おわりに 185
注　記 187
索　引 189

第1章

企業研究の学び方

どうやって企業を調べるのか
どうやればうまく調べられるのか

　第1章では，なぜ企業研究が大事なのか，どうして企業研究を学ぶ必要があるのかを知り，自分で考えてもらいたいと思います。といっても最初から真面目に考えすぎるとかえって難しくなります。

　　「習うより慣れよ」　Experience is the best teacher.

ということわざのとおり，学ぼうとする前に，企業が私たちの身近にあり，毎日の仕事や生活でどのように関わっているかを理解し，なぜ大事かを認識することが先決です。企業研究は，大学での学習はもちろん，ビジネスや生活で活用される実際的で応用範囲の広い知識と技術です。この章ではそういった特徴について解説しますが，企業研究がどのような内容なのか，どうすれば企業を的確に効率的に調べられるのかについて，理解しておくべき重要な部分に力点を置いています。まずは企業研究のウォーミングアップと考えて，細かいところにとらわれず全体像を把握するつもりで読んでください。

　なお，これ以降の本文では**重要な箇所と用語をゴシック体で強調**しますので，重要なポイントと思ってください。

1 企業研究とは何か

　企業研究とは，企業を合理的に分析し評価することです。その対象は経済社会や企業全体という総体的なものではなく，**一社一社を考察し何かをみつける作業**です。使う人や場面によって企業調査とか経営分析と表現されることがありますが，違いはありません。

　経営学や経済学，社会学では，企業や経済という全体を見るマクロの視点から考えることが多いのですが，企業研究は企業一社や会社の中の一事業という細部を見ようとするミクロの視点を持って取り組むことが重要です。

　たとえば，この会社は何をしているのか，どのような特徴があるのか，売上は伸びているのか，何でかせいでいるのか，長所や弱点はどこにあるのか。あるいは，これから株価が上がりそうか，融資をしても大丈夫か，自分にとって良い就職先かどうか，という結論を見つけることです。ですから企業研究は自分の日常生活と利害に結びつくことが多い実際的な科目です。

　企業研究と同じような意味で企業分析，経営分析という用語が使われますが，財務分析だけを指している場合もあれば，財務分析と定性分析の双方を指していることもあり厳密ではありません。**財務諸表分析**という場合は財務分析だけを指しています。

■何のために行うのか

　企業研究は何のために行うのか，どのように使われ，役に立っているかをはっきりさせておきましょう。大きく分けて2つの立場から企業の分析が行われています。

　1つは自分の所属していない他の組織を調べることです。世の中で言われる企業研究とは他社を意味することが多いと思います。具体的にどのような仕事で行われているか例示しましょう。①融資審査（銀行など金融機関が貸付をするための審査），②証券投資分析（証券会社や投資運用会社が株式投資を行う際の企業調査），③企業価値算定（他の会社の買収や株式を取得する際の企業価値の調査），④他社分析（競合先や取引先の調査），⑤その他（大学生が就職活動に向けて企業の情報収集や調査をすること）。

　これとは反対に，自分のいる組織や事業を調べることも企業研究です。自分の会社で事業計画を作る，会社の現状を把握する，どの事業が良好か，問題はないのかを調べる，ライバル企業と比較する，銀行から借入可能かどうかを検討する。これらの企業分析は会社でいえば経理や企画担当者の仕事です。

　世の中の経済活動はこういった分析が各所で行われていますから，**企業研究は応用範囲の広いフィールド**といえるでしょう。また，実務に密着しているだけに，大学で取り組むより社会人になってから実務教育の中で学ぶことが多いのも特徴の1つです。証券アナリスト基礎講座や金融検定協会の財務分析講座がその例です。

■どのようなことを行うのか

　企業研究は，対象となる企業が，①利益をあげているか，②財政的に安定しているか，③効率的な事業活動が行われているか，④会社は成長傾向にあるか，⑤社会の中でどのような成果を発揮しているか，⑥ルールに則り問題を起こさない経営をしているか，といった項目を調べます。

　企業研究は，会社の経営状態や今後の方向について，財務諸表の数字を用いて分析する**財務分析**と数字以外の情報を用いて分析する**定性分析**に分けられますが，これらについては第6節で解説します。

２ 企業研究の特徴

　企業研究は，実社会の人々が会社の仕事や個人の資産運用，あるいは大学生や社会人の就職活動といった日常の場面で活用することが多い**プラグマティック（英語：pragmatic, 実際的）な知識と技術**です。企業を調べれば，役に立ち，有利になるからです。こうした実際的な観点から，本書で学ぶ方には次のような知識と能力を身につけてほしいと期待しています。

　(1)　会社の業績・現状・課題と今後の方向について，体系的に分析できる知識と能力を習得すること。

　(2)　企業分析の資料作成能力を習得できること。

　(3)　自分が企業分析を行うことで発見や見解を導き出すこと。

　ここに書かれている力を習得した人は，社会人でも少ないと思います。就職活動や卒業後の実社会で企業を理解し見定めることは重要ですから，しっかり取り組んでほしいと思います。

　第二に，**企業研究は情報を収集し分析する作業**です。企業研究は個々の会社を分析する作業ですが，その対象となる会社は架空のモデルではなく，現在活動している会社です。現実の会社だから活動が見えるし理解できそうに思えますが，会社を考察するには多くの情報が必要です。たとえば，飲食店の経営者から借入を申し込まれた銀行の融資担当者がその店を分析しようとすれば，メニューの特徴や売れ行きはもちろん，誰がどのように運営をしており，どのような経営状況であるかを把握するだけでも沢山の情報があり，分析するには時間がかかります。規模が大きな企業となると飲食店よりも複雑であり，当然ながら情報も大量です。有名な大企業だから分

析しやすいということはありません。製品やサービスを使ったことがあっても，企業を分析するために必要な情報はそれ以外に大量にあります。実際の作業では，企業に関する沢山の情報を集め，知り，考察することができ，頭の中の引き出しが増えていくでしょう。

　また，企業研究によって求めることは絶対的なものではなく相対的な価値です。企業の評価は，他社との比較，他事業との比較，過去との比較といった相対評価が軸になります。「この会社は絶対に良い（絶対悪い）」というような論理は現実にはありえませんね。したがって，**企業研究では比較が重要**になり，この比較は以下の3項目に分けられます。

　(1) 同一企業における時点比較：(例) 売上高の前年比増減率
　(2) 同一企業における事業比較：(例) (株)ファーストリテイリングにおける国内ユニクロ事業と海外ユニクロ事業の比較。
　(3) 他社との比較：(例) (株)ローソンと (株)ファミリーマートの会社比較。

　四番目の特徴は，企業研究を通じて会社の活動を合理的に説明することです。昨今の経済社会では，**企業の利害関係者**に対して的確に説明する行動が重要になっており，それらは**説明責任**と呼ばれています。この利害関係者とは英語で**ステークホルダー**（英語：stakeholder）といい，従業員，株主，債権者，顧客，取引企業，地域社会など広範囲にわたっています。企業は経営者や内部の人々だけが知っている秘密の活動ではなく，利害関係者をはじめとする人々に情報を提供し説明しなければなりません。情報公開が進むのはすばらしいことですが，そうであるからこそ，情報の受け手である私たちには，企業から発信された情報を的確に理解し考えられる能力が重要になっています。

③ 企業情報源を知る

　企業を分析する前に，その会社の情報はどこにあってどのように情報を収集するか，という前段階の準備が重要です。つまり，**企業分析の情報源**を正しく理解することです。これが理解できていないために，生半可な知識のままで企業を調べようとする人が少なくありません。

■インターネット上に多くの企業情報がある

　だからこそ皆さんは本書で調べ方を学ぼうとしているのだと思いますが，重要な企業の情報源はどこにあるでしょうか。結論を先にいえば，情報源のほとんどがインターネット上にあり，東京の大学生でも大阪のおばちゃんでも，あるいは海外にいる外国の方々でも，一般の人々がプロの専門家と同じ内容の企業情報をインターネットの上で閲覧し入手することができます。現代は「**国内海外のあらゆる企業の情報に誰でもアクセスできる**」イノベーションが実現しているのです。

　インターネットが商業化されたのは1995年ですので，それ以前は企業のホームページも株式情報サイトも就職情報サイトもありません。当時，一般の人が入手できる資料は会社案内のパンフレットくらい，決算説明会は専門家向けで決算資料はなかなか入手できません。したがって証券会社のアナリストレポートが頼りでしたが，当時は紙媒体ですから配布対象も限定されていました。こういう環境ですから，企業を調べたい人は市販されている企業情報誌を購入して読み込むことが最初の作業でした。企業情報誌の代表が東洋経

済新報社の「**株式四季報**」で，戦前の 1936 年に創刊以来現在も投資家や金融業界で活用されています。

■主な企業情報源

　話を現在に戻します。企業を調べる際にはどのような企業情報源を使ったらよいか，主な情報源を紹介しましょう。

　第一に，**会社のホームページ**です。株式を上場している会社は，法律と証券取引所によって情報公開のルールが定められており，その取り決めに従って会社概要，沿革，事業内容，製品サービス，決算情報，事業拠点，企業グループ情報など多くの情報を公開しています。一方，株式を上場していない未公開企業では上場会社のような情報公開のルールがほとんど存在しないため，ホームページに掲載されている情報は格段に少ないことには注意が必要です。

　二番目は，会社の決算書です。上場会社は**有価証券報告書**や四半期報告書という決算に関する文書を公表しています。この決算資料は会社が慎重に作成した，事業活動を正確に広範囲に表現した文書です。企業を本格的に分析するには，この有価証券報告書と四半期報告書が欠かせません。

　三つ目は，インターネット上の**株式情報サイト**（Yahoo! ファイナンス，日経会社情報 DIGITAL，会社四季報オンラインなど）や，**就職情報サイト**（マイナビ，リクナビなど）があげられます。またウィキペディアは情報の正確性には欠けますが，手際よく知るには実用的な情報源といえるでしょう。

　最後に**企業情報誌**です。先ほど解説した会社四季報は，紙媒体とウェブサイトを通じたデジタル版の 2 種類が販売されており，上場会社全社の情報がコンパクトに一覧化されています。株式投資や就職活動のように短時間で情報収集をする場合や，斜め読みをしながら検討する場合には有益です。

④ 大量の情報を紐解く

　企業研究は大量の情報を収集し分析する作業です。町の不動産屋や飲食店のような中小企業でも，その特徴や長所や課題をみつけるためにはそれなりの情報収集が必要です。もっと大きな上場企業を調べようとするなら，大量の情報の中から必要なものをセレクトしなければなりません。

　たとえば，ソニーに興味を持って，どの製品が強いのかとか，どのようなビジネスに力を入れているのか調べたい人もいるでしょう。いくつかの製品を知っているとか使っているとかいっても，ソニーの企業分析は大変な作業になります。同社は2021年にソニーグループ㈱と社名を変更したように，千数百社の子会社と関連会社によって多くの事業を運営しています。このような経営手法は**グループ経営**と呼ばれます。ソニーが展開する事業は，次頁の表のようにゲーム＆ネットワークサービス，音楽，映画，エレクトロニクス・プロダクツ＆ソリューション，イメージング＆センシング・ソリューション，金融，その他の7つの事業セグメントに分けられています。これらのセグメントはさらに区分けされ，テレビやオーディオがどのセグメントでどれだけの売上構成となっているか表をみると概略がわかるでしょう。ソニーのように多くの**グループ会社**（子会社や関連会社を含めた資本関係にある企業群の総称）によって多数の事業を営んでいる大企業は，ビジネスが複雑で事業の内容を知るだけで時間がかかります。また，大企業は大量の資料を公表していますが，自分が欲しい情報がどこにあるのか簡単にわかりません。したがって，企業研究では大量の情報の中から自分が必要とする情

報を得る『情報の見つけ方がポイントになる』のです。

　皆さんが企業を調べて特徴をみつけ，短期間に結論を出すまでもっていくことはなかなか難しいと思います。専門の本を読み，講義を受けながら，情報を収集し，時間をかけて多くの視点から分析して，ようやく結論が見えてくるのが普通です。しかしながら，実際は企業をじっくり調べる時間の余裕がないことが多いでしょう。自分で一から企業を調べるより，情報収集や専門家の情報によって判断をする方が効率的だし，間違いが少ないことは確かです。企業研究に取り組む前に，そうした有益な企業情報源を知っておくことが大切です。よく知らない会社は最初に正確で簡潔な情報や専門家の解説を読み，それから自分で分析をするという段取りです。この企業情報源については第4章で詳しく解説します。

ソニーグループの事業別売上高（2021年3月期）

事業セグメント		子会社，関連会社の例	売上高	構成比
ゲーム＆ネットワークサービス			2,604,713	28.9%
	デジタルソフトウェア・アドオンコンテンツ	（株）ソニー・インタラクティブエンタテインメント	1,454,654	16.2%
	ネットワークサービス	Sony Interactive Entertainment LLC	382,950	4.3%
	ハードウェアその他	Sony Interactive Entertainment Europe Ltd.	767,109	8.5%
音楽			927,250	10.3%
	音楽制作（ストリーミング）	（株）ソニー・ミュージックエンタテインメント	337,100	3.7%
	音楽制作（その他）	Sony Music Entertainment	179,167	2.0%
	音楽出版	Sony Music Publishing LLC	156,862	1.7%
	映像メディア・プラットフォーム		254,121	2.8%
映画			757,580	8.4%
	映画制作	Sony Pictures Entertainment Inc.	271,081	3.0%
	テレビ番組制作	CPT Holdings, Inc.	267,123	3.0%
	メディアネットワーク		219,376	2.4%
エレクトロニクス・プロダクツ＆ソリューション		ソニーホームエンタテインメント＆サウンドプロダクツ（株）	1,902,887	21.1%
	テレビ	ソニーイメージングプロダクツ＆ソリューションズ（株）	709,007	7.9%
	オーディオ・ビデオ	ソニーモバイルコミュニケーションズ（株）	313,975	3.5%
	モバイル・コミュニケーション	ソニーネットワークコミュニケーションズ（株）	338,694	3.8%
	その他	ソニーマーケティング（株）	182,631	2.0%
イメージング＆センシング・ソリューション		ソニーセミコンダクタソリューションズ（株）	937,859	10.4%
金融		ソニー生命保険（株），ソニー銀行（株）	1,661,520	18.5%
その他		ソニーストレージメディアソリューションズ（株）	196,517	2.2%
全社			8,999,360	100%

（出所）ソニーG有価証券報告書。売上高の単位：百万円。

5 企業研究の段取り

　興味のある会社について，要するにこの会社は良いのか悪いのか，取り組んでいいのか悪いのか，結論が欲しいと思うのは当然です。しかし，会社は人間以上に複雑です。会社を理解し，その良し悪しを判断することは簡単ではないし時間が必要です。それだけに，準備をせずに企業を調べるのは危険です。資料を集めたりながめたりすれば，一応は企業情報に接することはできます。しかし，会社や経営についての基礎知識がなければ，知ったつもりで終わってしまう可能性が高いでしょう。

■経営や企業の基礎知識を知っておくべき

　企業研究を学ぶには，最初に**「企業についての知識」**と**「研究の段取り（プロセス）」**を理解することが大切です。ところが，学校では（高校まではもちろん，大学でも経営学部や商学部を除けば）企業について学ぶことは少なく，特に個々の会社についての学習はほとんどありません。企業の知識は「経験知」のように考えられていることが多く，働きながら教えてもらいながら習得していけばよいと思われているのでしょう。『習うより慣れよ』という言葉のように，自分が経験を積み重ねる中で自然に習得していく部分も少なくありません。

　しかしながら，先ほど言ったような基礎知識と段取りを学んでおけば，効率的に企業を知ることができ，同時に間違った考えで企業を見ることもありません。企業分析は何となく経験だけでできそうに思えますが，実際には知識と手法を学ばないと太刀打ちできませ

ん。したがって，この章で解説する企業研究の段取りを理解すると
ともに，次の第2章で企業・会社の基本的な仕組みを理解し復習を
してください。

■企業を調べる前に，企業を知りプロセスを知ることが重要

　企業研究をするうえで特に留意してほしいことは，実際に1つの
企業を調べようとする前に，企業の仕組みを知り企業分析のプロセ
スを理解することです。企業を分析する前に，会社というものがど
ういうものであってどのように運営されており，そしてその会社の
情報はどこにあって，どのように情報を収集するか，という**前段階
の準備が重要**です。いま皆さんが会社を調べるとすると，どこから
情報を収集すればよいでしょうか。現代は過去と比べれば信じられ
ないくらい大量の情報がインターネットに掲載され，それらをスマ
ホで検索するとかウィキペディアを辞書代わりに使って短時間に簡
単に情報を得ることができます。したがって，その大量の企業情報
について，情報がどこにあって，どの情報をどのように収集して活
用するのかを学ぶことが大切になってくるのです。

企業分析のプロセスを知る

■経営／企業の基礎知識

■企業情報の収集，整理
・会社の概要を知る（業種，属性，会社概要，沿革，事業内容，社長メッセージ，
　企業グループ，採用情報）
・会社の調べ方を知る（企業情報はどこにあるか，どの情報源を使うか）

■企業分析作業
・財務分析
・定性分析
・比較（過去，他事業，他社との比較）
・特徴，課題，リスクの把握
・評価

6 定量分析と定性分析

　企業研究では金額と数値を使って分析することが多くなります。当たり前のことですが，ある1つの金額や数値はどこでも誰でも同じものです。数字は共通の概念ですから，お互いに違う認識をする心配がほとんどありません。数値化していない要素は**定性的な情報**といいますが，その表現はしばしば抽象的になってしまい，認識がそろわない可能性があります。たとえば，「すぐ提出します」は定性的な情報であり，「すぐ」の意味が3分後なのか1時間後なのか時間が定まらず言葉の受け手の認識が不確実になります。これを「10分後に提出します」という定量的な表現で語れば認識を一致させることが可能ですから，社会では定量的な情報が認識の違いを少なくし説得力を増す手法とされています。

■財務分析

　企業の**定量的な情報**では，**決算書**に書かれている数値がとても大事です。売上高，経常利益，総資産，自己資本といった金額，あるいは従業員数や発行株式数のような数値も出ています。このような数的な情報を用いた分析のことを定量分析といいます。企業分析では決算書に記載されている財務諸表（計算書類ともいいます）を主に用いて定量分析を行うため，**財務分析**あるいは**財務諸表分析**という用語の方が多く使われますが，定量分析と同じ意味です。企業研究では決算書を使った財務分析が多く行われます。「決算書の読み方」とか「決算分析」という言葉は，この財務分析を指しています。財務諸表に記載された金額だけではなく，生産量，輸出額，販売シェ

ア，従業員数，株式情報のような数的情報を用いた分析も財務分析の1つです。

■**定性分析**

　定量分析とは逆に，数値以外の経営情報を用いた分析が**定性分析**です。定性分析は非財務分析ということもあります。企業を調べるためには，財務諸表に記載されている売上高や利益のような数値を使った方がわかりやすくて説得力がありますが，企業の情報のほとんどはこうした定性的なものであって，数値以外を使った定性分析は定量分析と同じように重要です。たとえば，会社の経営戦略や具体的な方針は，上場会社であれば有価証券報告書という公表資料に記載されていますが，数字で表されている情報はごく一部です。会社の長所や課題を数字で表すのは難しいし，会社の技術力や経営者の経営力を数字で示すのはほとんど不可能でしょう。したがって数字以外の情報によって定性的に分析していくことになります。また，このような定性的な情報を判定して評点として点数化する方法や，アンケート調査を集計してランキングで順位づけするような，定性情報を目に見えるように数値化する手法もあります。

財務分析と定性分析

1．財務分析（定量分析）
・経営数値等の数的情報を用いた分析。財務諸表を主にした分析であるため，財務諸表分析とも呼ばれる。「決算書の読み方」とは財務分析を意味する表現。
（例）売上高，利益変化率，自己資本比率，ROE，従業員1人当たり売上高，輸出比率，海外売上比率。

2．定性分析（非定量分析）
・数値以外の経営情報を用いた分析。画一的な数字による客観的な評価ができにくい会社の経営力を考察する。
（例）営業基盤，販売力，技術力，ブランド，経営者の力量，歴史，信用，社風，従業員の士気。

3．その他
（例）企業評価ランキング，アンケート。

企業の仕組みを知る

▶第2章　企業の仕組みを知る

企業を調べる前に，
企業の基礎知識を理解しておこう！

　興味のある会社について，要するにこの会社は良いのか悪いのか，取り組んでいいのか悪いのか，結論が欲しいと思うのは当然です。しかし，会社は人間以上に複雑です。会社を理解し，その良し悪しを判断することは簡単ではないし時間が必要です。それだけに，準備をせずに企業を調べるのは危険です。資料を集めたりながめたりすれば，一応は企業情報に接することはできます。しかし，会社や経営についての基礎知識がなければ，知ったつもりで終わってしまう可能性が高いでしょう。

　企業研究ができるようになるには，**最初に「企業の基礎知識」を理解することが大切**です。会社全体の仕組み，会社の活動する市場，会社間の関係性というような経営学や経済学が扱う領域を学んでください。基礎知識を学んでおけば，効率的に企業を知ることができ，同時に間違った考えで企業を見ることもありません。そういう基礎知識を積み重ねることによって，個々の企業を正確に理解することができるのです。

7 企業と会社

　私たちの経済社会は，**家計**，**企業**，**政府**の３つの経済主体から成り立っています。それだけに企業という言葉は日常的ですが，会社や株式会社との違いを整理しておきましょう。

　企業は，資金を元手にして，労働者を雇い，土地や設備や原材料を購入して，財とサービスを生産し，それらを販売して利益を得ようとする経済主体です。したがって，経済活動を行うさまざまな組織が企業に含まれます。企業には，株式会社のような**会社**はもちろんのこと，個人が経営する**個人企業**（個人事業主や自営業主と呼ばれます），農業協同組合や生活協同組合のような**組合**，そして私立高校・私立大学（学校法人）や病院（医療法人）も企業の１つです（表1）。あるいはお寺や神社も宗教法人という組織で運営されており，企業に含まれるのです。つまり，企業にはいろいろな種類がありますが，**会社は企業の一部である**ことを理解してください。

　では，企業と会社はどれだけあるでしょうか。まず個人で事業を営む個人企業（農林漁業を除く）は，日本国内で198万人にのぼります[1]。また，個人企業を除いた企業は日本国内に約270万社が存在していますが，その94％にあたる約254万社が株式会社です（表2）。つまり，個人企業を除けば，**企業のほとんどは株式会社**です。実は2006年の会社法施行によって有限会社が株式会社に統合され，現在は有限会社の区分はありませんが，現在の株式会社の約7割はかつての有限会社です。

　また働いている人の数から企業をみてみましょう。日本の就業者数は約6,370万人ですが，このうち会社で働いている就業者が約

4,110万人と全体の65％を占めており[1]，働いている人の大半は会社に所属して働いている，いわゆる会社員です。したがって，皆さんが調べようとする企業はほとんどが株式会社ですので，本書で記述される企業は株式会社のことを指しています。

表1　日本における企業の種類

私企業	個人企業（個人事業主）		個人商店，農家など
	法人企業	会社	株式会社
			合名会社
			合資会社
			合同会社
		組合	生協，農協，労働組合など
		その他の法人	学校法人，医療法人，社団法人など
公企業	国有企業		成田国際空港，東日本高速道路
	地方公営企業		市営バス，水道など
	特殊法人		NHK，JRA，日本年金機構など

表2　日本における会社の数（個人企業を除く）

	企業数合計	株式会社	合名会社	合資会社	合同会社	その他の法人
企業数（社）	2,706,627	2,537,667	3,814	16,112	82,931	66,103
占率（％）	100%	93.8%	0.1%	0.6%	3.1%	2.4%

※その他の法人は組合，学校法人，医療法人等。
（出所）国税庁「平成29年度税務統計から見た法人企業の実態」。平成30年7月31日現在。

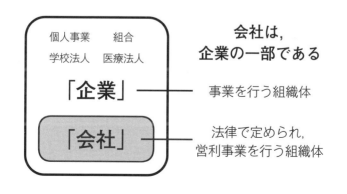

8 会社の歴史

　さて，企業の大半を占める会社の歴史について簡単に解説しましょう。人間は大昔からビジネスを行っており，企業は人類が生まれてから存在する組織です。古代エジプトや中国では個人が集団となって商売を行っていましたが，個人が責任者になり他人を雇って事業を営む現在の個人企業でした。

　この個人企業の仕組みが中世から近世に変化し，法令に基づいた企業組織が形成されます。これが会社です。16世紀のヨーロッパではイギリスが海上交易で力をつけはじめ，イギリス船は外国船に海賊行為を働いていました。イギリスでは国王の許可を得て遠隔地貿易のためのカンパニー（company）という企業組織を作りはじめました。商人たちは特定の航路の交易について独占権を与えてもらうようイギリス国王に請願し，一航海ごとに資金を出し合ってカンパニーを作り，規約を作って運営しました。現在の会社とは違い，カンパニーは商人たちが一航海ごとに資金や船を出し合って作る組織で，利益の分配方法や損失が発生した場合の責任分担を取り決めていました。

　このカンパニーという一時的に金を出しあう貿易の企業組織から，長期的に継続して事業を行う会社が生まれました。アジア貿易で台頭してきたオランダに危機感を持ったイギリスの商人は，国王エリザベス1世に請願し，1600年に**イギリス東インド会社**（The East India Company）を発足させ，自前の従業員と組織を持った会社を設立しました。このイギリス東インド会社は，株式を発行して貴族や商人の出資者から資金を集めて資本金を調達し，一回の航海

が終わると持株に応じて利益を配分しました。

　イギリス東インド会社は一航海だけで解散する会社でしたが，1602年にオランダで設立された**オランダ東インド会社**は，継続的に事業を行う仕組みがあり，現在の**株式会社の起源**とされています。オランダ東インド会社の取り決めでは，出資者の出資金は10年間固定され，また出資者は出した資金以外の責任を負わないという**株主の有限責任**が規定されており，この2つの特徴を持つことから株式会社の祖とされています。

　17世紀当時の株式会社は，権力者の許可によって設立される特別な企業であったわけですが，19世紀産業革命の時代に各国で会社法の整備が進み，法律に従って自由に設立できる時代に移行します。そして19世紀末から20世紀に世界各国で事業が株式会社化されて，現在のような株式会社の時代に至っています。

　日本では，明治初期までは会社という組織は存在せず，商人や職人が個人商店の形態で事業を行っていました。明治の文明開化の中で欧米にならって会社制度が導入され，1873年（明治6年）に渋沢栄一らが多数の商工業者から資金を集めて設立された**第一国立銀行**が日本初の株式会社となりました。株式会社は世界に登場してから400年余り，日本では140年余りですから，人類の歴史としてみればきわめて新しい近代の産物です。

株式会社の歴史年表

1600年	（イギリス）東インド会社が設立。
1602年	（オランダ）東インド会社が設立。世界初の株式会社とされる。
1606年	（イギリス）バージニア会社が設立。
1811年	（アメリカ）ニューヨーク州製造会社法が成立し，アメリカ初の会社法となる。これ以降各州で株式会社設立が許可制から準則制へ移行。
1856年	（イギリス）株式会社設立が許可制から準則制へ移行（1844年株式会社法，1856年株式会社法，1862年株式会社法）。
1873年	（日本）初めての株式会社が設立（第一国立銀行）。

$\boxed{9}$ 株式会社

　企業の中心である会社はほとんどが**株式会社**です。日本国内には二百数十万社もの株式会社があって，各地で株式会社が事業を営んでおり，サラリーマンのほとんどは株式会社の従業員として働いています。トヨタ自動車のように一社で7万数千人が働く大企業も株式会社ですが，街の不動産屋もほとんどは株式会社です。

　こうした株式会社は，**出資者**から**資本**（英語：capital）と呼ばれる資金を集めて設立されます。会社を設立し運営する制度は法律化されており，日本における会社について規定した法律は**会社法**といいます。2002年までは株式会社を設立するために1,000万円の資本金が必要と法律で定められていましたが，現在は最低資本金制度は撤廃されており，資本金が1円でも株式会社を作ることができます。

　株式会社は，出資者が資本を出資して**株式**（英語：share）を所有する**株主**（shareholder）となり，会社が出した利益の中から**配当**（dividend）を受け取ります。株主は会社の所有者ですが，会社の運営について出資した金額以上は責任を負う必要がありません。これを**株主の有限責任**といいます。株主は有限責任，つまり責任がお金を出した額の範囲内に限定されていますから，巨大なリスクのある事業に資金を提供して株主として参加した場合，たとえ会社が何兆円という損害を負ったとしても，株主は投資した金額までしか責任を負う必要がないのです。言いかえれば，事業にお金を出して参加する場合に責任が一定限度までと決められていれば，その事業に詳しくない人でも自分がリスクを取れる金額まで自分自身の判断で出資できるわけで，有限責任の仕組みがあるからこそ，不特定多数の

投資家が会社に参加して株主になることができるのです。

　この株式会社について考えることは経営学のメインテーマの 1 つです。株式会社とはビジネスを行う場であり，私たちが使う製品・サービスを供給する組織であり，私たちが雇用されて働く場でもあります。さらに株式会社は投資家として株式を購入する対象でもあります。株主はお金持ちや偉い人達だけではありません。現在は多くの個人や企業が株式投資をしていますし，個人が拠出している年金は上場会社の株式を保有しています。下の表でトヨタ自動車（株）の株主構成をみると，合計約 63 万人の株主のうち国内の個人が99％を占めています。また，大株主上位に登場している信託銀行の株式は個人が拠出した年金が所有しているものです。さらには，外国人株主が24.5％の株式を所有しており，大株主にもアメリカの法人が登場しています。トヨタの株主構成をみるだけで，国内海外の多くの人々が株式を保有する構造になっていることが実感できるでしょう。このように上場会社は金融機関や大株主だけでなく，国内海外の株主の期待に対応しなければならない構造になっています。

トヨタ自動車（株）の株主と保有株式数

		株主数（名）	所有株式数（株）	所有株式数構成比
株主合計		628,085	34,445,269	100.0%
	国内の個人	621,232	7,788,863	22.6%
	外国の個人・法人	1,474	8,438,289	24.5%
	金融機関	470	11,829,436	34.3%
	その他（事業会社等）	4,909	6,388,681	18.5%
大株主上位7名	日本トラスティ・サービス信託銀行（株）			10.3%
	（株）豊田自動織機			5.8%
	日本マスタートラスト信託銀行（株）			5.6%
	日本生命保険（相）			3.8%
	State Street Bank and Trust Company			2.6%
	資産管理サービス信託銀行（株）			2.5%
	The Bank of New York Mellon Corporation			2.3%

（注）数値は 2021 年 3 月末時点。トヨタ自動車有価証券報告書（2021 年 3 月期）による。

10 株主と株式会社

　ビジネスを行うには経営資源がなければやっていけません。その経営資源は従業員（ヒト），工場，機械設備（モノ）など多岐にわたりますが，それらを調達するためには，最初に資金（カネ）が必要です。株式会社は株主から集めた資金を元手にして事業を立ち上げます。多数の人々から株式のかたちで資金を集めることによって，個人だけの資金ではできなかった大規模な事業を株式会社は行うことができるのです。

　株式会社を規定する会社法では，株主は会社の所有者とみなして，株式会社における株主の権利を定めています。株主は次の3つの権利を持っています。

　■議決権：株主は会社の最も重要な会議である株主総会に参加し，議決できる権利を持っています。

　■利益配当請求権：会社が得た利益の中から株主に渡す配当は，株主自身が決めて配当を受け取ることができます。

　■残余財産分配請求権：会社が解散をした場合には，株主は解散処理後に残った資産を受け取ることができます。

　このように株主は会社に対して大きな権利を持っていますが，株主に課せられる義務は限定的です。第一に，株主は，会社の運営に対して自分が出資した金額（出資金）以外の責任を負う必要はありません。会社法では「株主の責任は，その有する株式の引受価額を限度とする。」[2] という条文のとおり**株主の有限責任**が規定されています。会社が莫大な負債を負っても倒産をしても，株主は自分の投資額以上の責任と義務を負う必要がないからこそ，会社に資金を

提供して投資ができるのです。このような株主の有限責任は現代の資本主義制度の基礎となっています。

　第二に，株主は会社の運営についての義務や責任はありません。株主が選んだ**取締役**が会社運営の責任を持ち，取締役が会社の中で社員に指示をしてビジネスが行われるのです。

　株式会社における最高の決定機関（会議）は**株主総会**といい，株主総会で会社の重要事項が話し合われ議決されます。会社の取締役も株主総会で株主の議決によって選出されます。一般的に通常の株主総会は毎年一度しか開催されませんので，日々重要な事項を話し合う会議としては適切ではありません。こうした業務は取締役に任されており，取締役が会社の業務を執行します。取締役と監査役は**取締役会**に出席し，会社の業務執行を議論し決定します[3]。

　会社には**社長**や部長，課長，マネージャーといった役職がありますが，法令で定められているものではありません。会社法で役割を定めている社内のプレーヤーは代表取締役と取締役です。一般的な株式会社では，株主総会で選出された取締役の中から**代表取締役**が選ばれ，その代表取締役が社長に就任し，取締役会の方針に基づきながら会社を運営しています。

代表的な会社の組織

株主
↓ 参加・議決

株主総会

↓ 選任　　　　　　　　↓ 選任

取締役　→　取締役会　←　監査役（監査役会）

参加・議決　　　　監査　　　　　　　監査

代表取締役（社長）
↓

各部門の役員・社員

11 上場会社と未上場会社

　さて，株式上場という言葉がよく使われますが，どういう意味でしょうか。**株式上場**とは，株式会社が発行する株式を証券取引所で取引することが認められることで，**株式公開**ともいわれます。そしてこの株式を上場している会社を**上場会社**，上場していない会社を**未上場会社**（または**未公開会社**）と呼んでいます。ちなみに上場会社か未上場かわからない場合には，Yahoo! ファイナンスのような**株式情報サイト**で企業検索を行えば簡単に判別ができます。

　株式会社は株式を発行して資金を集めますが，出資した株主が保有する株式を売却したくても，新たな買い手を見つけることは難しいでしょう。したがって，株式の売り手（供給）と株式の買い手（需要）を特定の場所に集めて集中的に売買できる仕組みがあります。この場所を**証券取引所**といいます。この証券取引所に上場すれば，多数の株式の売り手と買い手が存在する中で株式の売買が可能になり，さらには幅広い人々から多額の資金を集めることができます。

　したがって，大規模に資金を集めたい会社は株式を上場することを目指します。トヨタ自動車やパナソニック，資生堂，イオン，ローソンなど，名前を知っているような大企業のほとんどは東京証券取引所に上場しています。また，アップルやマイクロソフト，ディズニーのようなアメリカ企業はニューヨークにある証券取引所，アディダスやメルセデス・ベンツのようなドイツ企業はドイツ（フランクフルト）にある証券取引所に上場しています。

　日本にどれだけ上場会社があるかといえば，表のように東京証券取引所などの証券取引所に上場している会社数は合計で 3,927 社で

す（2021年末時点）。日本全体の株式会社数は約254万社とされていますから上場会社は全体の0.15％とわずかであり，ほとんどの株式会社は未上場会社です。

　上場によって高い水準の経営が求められるだけに，誰もが上場できるものではありません。株式市場は投資家が多数売買に参加するマーケットであり，投資家保護の観点から，その会社の運営が安定的に公正に行われているかどうか，あるいは情報を適正に開示できる体制を会社が整えているか等の審査を受け，クリアーした会社だけが証券取引所から上場を認められます。上場しても上場基準を満たさない会社は**上場廃止**となります。また，株式会社が上場すると，新たに**金融証券取引法**を中心とした法令や証券取引所の定めるルールを厳密に守って企業を運営することが求められます。

　さらには，上場によって不特定多数の新しい投資家が株主になるので，広範囲の利害関係者を視野に入れた経営が求められます。未上場の会社であれば，株主は限られた少数の人々であり比較的自由に運営ができますが，上場会社になるとさまざまな株主の期待に対応しなければいけませんし，法令遵守と社会規範に沿った**コンプライアンス**（英語：compliance）を意識して経営を行う必要性が生じるのです。

日本国内の証券取引所と上場会社数

東京証券取引所（東証）		名古屋証券取引所（名証）		福岡証券取引所（福証）		札幌証券取引所（札証）		合計
東証1部	2,182社	第1部	4社	本則市場	20社	本則市場	9社	
東証2部	472社	第2部	45社	Q-Board	7社	アンビシャス	7社	
東証マザーズ	421社	セントレックス	13社					
JASDAQスタンダード	657社							
JASDAQグロース	37社							
PRO, 外国会社	53社							
小計	3,822社	小計	62社	小計	27社	小計	16社	3,927社

（注）2021年末時点。名証，福証，札証の上場会社数は単独上場のみで他市場への複数上場会社を除く。

12 グループ経営

　現代のビジネスは1つの会社だけで何から何まで行っているわけではありません。事業が大きくなって異なるさまざまな製品やサービスが作られ，それらは国内だけでなく海外で生産され販売されています。また各国で多様な能力・経験を持った従業員を多様な処遇条件で就労させています。

　こうした環境の中では，会社はすべての事業を一社で完結させるのではなく，新会社を設立したり，既存の会社の株式を取得したりして**企業グループ**を形成することが増えています。たとえば，食品メーカーのA社が中国で生産する拠点を作るためにB社をA社の資金で設立します（次頁の図）。A社はB社の株式をすべて保有します。B社はA社が作った子供にあたりますので**子会社**といいます。さらに，A社は食品とは違う分野の医薬品に進出するために，C社という国内医薬品メーカーの株式を30％取得して，A社は自分の方針に沿った医薬品事業をC社にやってもらうとします。この場合，C社はA社の作った家族の一員のような関係であり，A社という企業グループの**関連会社**と呼ばれます。

　このように複数の会社による企業グループを作り，中核の会社が経営を指揮しつつグループ全体で事業を推進していく事業形態が増えています。たとえば，サントリーホールディングス(株)，(株)吉野家ホールディングス，あるいはソニーグループ(株)，(株)みずほフィナンシャルグループというように，会社名に「ホールディングス」や「グループ」という言葉を入れた大企業が多数みられます。これは，いろいろな事業を行う多数の会社の株式を所有し，企業グ

ループ全体の運営を行う会社であるためこのような名前をつけているわけです。こうした多数の会社の株式を親会社となって保有し，各事業の運営は関連会社に任せて企業グループ全体の企画運営に特化した会社のことを**持株会社**（英語：holding company）といいます。

　持株会社である（株）セブン＆アイ・ホールディングスの場合，コンビニ事業を行う（株）セブン-イレブン・ジャパンの株式を100％所有しており，またスーパーマーケット事業を行う（株）イトーヨーカ堂や（株）ヨークベニマルも子会社であり，百貨店の（株）そごう・西武も子会社として事業を行っています。

　グループ経営の利点は多数あります。①先にあげたように各社で独自の人事や組織運営が可能となり，多様な人材を採用して各国の環境に適した経営を行うことができます。②製品サービスの生産供給網を企業グループ各社の中で強化できます。③親会社のブランド力や信用力が企業グループ各社も活用できる利点があります。

　また，グループ経営が行われている以上，会社の状態を会計で把握する場合には，1つの会社だけの単体会計ではなく，グループ全体でみた**連結会計**という手法で計測し判断する必要があります。

企業グループの例

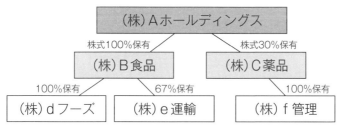

・Aホールディングスは，企業グループ全体を統括する親会社。
・B食品はAホールディングスの子会社，C薬品はAホールディングスの関連会社にあたる。
・dフーズ，e運輸，f管理は，Aホールディングスの孫会社にあたる。

13 連結と単体

　前節でみたように，現代のビジネスでは企業グループが重要です。会社が大きくなって多数の異なる事業を推進している中では，新会社を設立したり他社の株式を取得して複数の会社によってビジネスを行っています。ある1つの会社が過半数の株式を保有している会社は**子会社**と呼びます。また子会社以外でも株式の保有や役員の派遣などで影響力の強い会社を**関連会社**と呼びます。大きな会社ではこの子会社や関連会社を持って役員を派遣したり資金を貸し付けたりしながら共同で事業を展開していますので，会社一社の売上高や利益の会計情報だけでは会社全体で展開するビジネスの情報を説明しきれていないことになります。

　東武鉄道(株)は関東圏で12の路線を運営している私鉄です。誰でも知っているように同社は鉄道会社ですが，鉄道事業を行う当社だけでなく85社の子会社と9社の関連会社が不動産・小売・サービスなど多くの事業を展開し，東武グループという企業グループを作っています。それだけに東武鉄道一社の決算書では会社全体を把握したことにはならないのです。

　企業グループの経営成績を把握するために，各社の売上や利益などの数値をお互いの関係によって修正してまとめることを**連結会計**と呼び，その結果として作成された文書が**連結財務諸表**です。企業グループ全体の売上や利益などの数値は連結会計のルールによって計算され，会社が連結財務諸表として公表します。逆に一社だけの財務諸表は**個別財務諸表**あるいは単体財務諸表と呼ばれ，一般には「連結」と「個別」という表現が使われています。

　下の表のように，東武鉄道の2021年3月期の決算は，個別財務
諸表では，売上高は1,676億円，総資産は3,531名ですが，連結財
務諸表では，売上高は4,963億円，従業員数は20,345名と大きな違
いがあります。先に述べたように90社を超える子会社・関連会社
を連結決算として会計の対象に含めるわけですから，増加するのは
当然です。東武鉄道一社のグループ全体に占める割合は，営業収益
が33.8%，従業員数が17.4%であり，一社だけを見るのは適切でな
いことがわかります。

　1980年代までの日本は単独決算を重視しており，連結決算の情
報開示は一部企業でしか行われていませんでした。しかし，世界の
趨勢に対応して会計制度のグローバル化が求められるようになり，
2000年3月期決算から証券取引法（現在の金融商品取引法）による
企業情報開示が連結決算中心に改正され，現在に至っています。現
在，上場会社ではこの連結財務諸表と個別財務諸表の2つの資料を
有価証券報告書で開示することが義務づけられています[4]。ただ
し，有価証券報告書を提出する必要のないほとんどの非上場会社は
連結財務諸表を作成する義務はありません。

　したがって，連結決算を行っている企業を分析する場合は，まず
は連結財務諸表の数値を用いて財務分析を行い，個別財務諸表は一
社単位の情報として参考にすることが望ましいでしょう。

東武鉄道（株）の2021年3月期財務データ

	営業収益（百万円）	経常利益（百万円）	総資産（百万円）	従業員数（名）
個別財務諸表（A）	167,696	2,950	1,571,092	3,531
連結財務諸表（B）	496,326	△9,892	1,682,497	20,345
東武鉄道一社の割合（A／B）	33.8%	―	93.4%	17.4%

（出所）当社有価証券報告書。

企業を効率的に知る

企業研究には時間を要する
手早く効率的に企業を知ることも重要

　企業は複雑ですから，分析や評価の作業には時間がかかります。だからといって，自分が相手を何も調べずに取引を行うことも就職活動をすることもないでしょう。世の中では限られた制約の中で企業情報を集めて何らかの判断をしているのが普通であって，本腰を入れて企業を調べることができないことはよくあります。したがって，世の中の情報を集め，企業をよく知っている専門家からの情報を得ることも，実は手早く役に立つ研究方法なのです。この章では効率的で現実的な会社の調べ方を解説します。

　また，実際に企業を調べようとする前に，その会社の情報はどこにあって，どのように情報を収集するかという前段階の準備が重要です。現代は膨大な情報がインターネットに掲載され，それらを誰でも検索して情報を得ることができます。したがって，**『企業情報がどこにあって，どの情報をどのように収集して活用するのかを学ぶこと』**が大切です。第3章と第4章でこうした企業の情報源を学んでいきましょう。

14 企業を調べる効率を上げる

　大学生が短期間に企業を調べて特徴をみつけ結論までもっていくことはなかなか難しい作業になるでしょう。専門の本を読み，講義を受けながら，情報を収集し，多くの視点から分析して，ようやく結論が見えてくるのが普通です。

　しかし，そのように企業をじっくり調べる時間の余裕がないことが多いものです。実社会で働く人達は，自分で時間をかけて企業を調べるよりも，情報収集や専門家の情報によって判断するなり方向を決めることがずっと多いでしょう。したがって，企業研究に取り組む前に，そのような「有益な**企業情報源**」を知っておくことが大切です。たとえば，大学生の皆さんが就職活動を始めると，エントリーする会社や面接試験に行く会社のことを事前に下調べし，どのような会社か，自分に適した会社かを研究する必要があります。しかし，就活の企業研究に半年かけてじっくり取り組むような時間があるはずがないでしょう。大体は1，2週間で調べることが多く，状況によっては1日で調べなければならない場合もあるでしょう。つまり，就活中の大学生にとっては短時間でできる企業研究が大事ですが，それは分析作業というよりも情報収集です。

　就活だけでなく，株式投資や企業と取引する際の調査でも情報収集中心の企業研究が行われています。時間をかけずに，自分で一から分析はせずに，効率的に役に立つ情報を集め，最後は方向を決めるというプロセスです。

■企業分析の情報源はどこにあるか

したがって，企業を研究する作業は当然大事ですが，有益な企業情報源を知りその特徴を理解して，企業をうまく効率的に理解することが実用的です。この第3章と第4章で『企業情報がどこにあって，どの情報をどのように収集して活用するのか』，企業の情報源を学んでいきましょう。

下の表が企業情報源の主なものです。就活のために企業を調べるのなら，**就職情報サイト**（就職ポータルサイト）で検索すれば会社概要や求人情報が掲載されています。**ウィキペディア**は正確性には限界がありますが，会社を手早く知りたい人には便利です。

上場会社については自社のホームページから有価証券報告書まですべての情報源にアクセスできますが，未上場会社のほとんどは自社のホームページにしか情報をのせておらず，しかも詳しい業績は公表していません。また関係者以外は未上場会社の決算書を入手することは不可能です。したがって，大学生がいろいろと情報を収集して調べることのできる会社は，上場会社と比較的規模の大きい一部の未上場会社あるいは上場会社の子会社・関係会社に絞られます。

主な企業情報源

■会社ホームページ：	◎正確	◎大量	▲やや複雑
■有価証券報告書：	◎正確	◎大量	▲複雑・難解
■アニュアルレポート：	◎正確	◎大量	
■会社四季報：	◎正確	◎簡潔	▲限定的（投資家向け）
■株式情報サイト：		◎簡潔	▲限定的（投資家向け）
■就職情報サイト：		◎簡潔	▲限定的（就活向け）
■ウィキペディア：	▲不正確な箇所あり	◎簡潔	
■未上場会社の決算書：×関係者以外は入手困難			

15 ホームページで会社を概観する

　会社の仕組みを理解したうえで調べていくと，会社情報や公表資料の意味が理解できるようになります。逆にいえば，会社の基礎知識がないとあやふやな判然としない研究になりがちです。本書の読者は企業研究を本格的に追求しようというより，就活や実社会で使いそうだから学んでおきたいという人が多いと思いますので，「コンパクトな会社の調べ方」を解説していきます。

　他の企業と初めて接触する時や就職活動で企業訪問をする際には，その訪問先について一通り調べる必要があります。最初はどうすればいいか迷うものですが，調べ方を学べば会社の概要を理解するのは簡単です。対象企業のホームページの会社情報をみれば，あるいは急ぐならウィキペディアをみれば，大体の情報は把握することができます。どこにどのような会社情報が掲載されているかを理解していれば手早く調べられるのです。

　一般的な会社のホームページの掲載項目は以下のとおりです。

(1) 会社概要：たいていの会社はホームページにある企業情報の最初に会社概要をのせています。会社概要には，商号（会社名），設立時期，本社所在地，代表者，従業員数，資本金，発行済株式数，事業内容，事業年度といった情報が記載されています。経営を学んだことのない人だと，商号，株式数などの用語を知らないと思います。第2章をチェックしてください。

(2) 社長メッセージ：会社の代表者が社外に対して発信するメッセージです。企業の状況や今後の展望について語られることが多く，影響がある内容ですので，会社が何を重視しているのか，ど

のような目標を持っているのかを手早く把握することができます。

(3) 沿革：沿革とは「現在までの会社の歴史」という意味です。沿革をみれば，その会社はだれがどこでスタートしたか，どういうふうに発展したか，株式を公開して上場会社になった，新しい製品や海外事業を始めた，他社と事業提携した，店舗数が大台に到達した，というような発展の状況をみてとることができます。

(4) 事業内容：会社が行っている事業を説明する欄で，製品やサービスについて事業別に解説しています。会社が大きくなれば事業も増えて複雑になり，事業内容の記述も多くなりますから事業内容をしっかり理解することが重要です。

(5) 業績：売上高や経常利益のような会社の主だった業績をホームページに記載しています。株式を上場している会社であれば，ホームページの投資家情報に主な業績の数値が掲載されています。しかし，前節で述べたように未上場会社は売上高しか記載されていない会社がほとんどです。

(6) 投資家情報：株主や投資家向けの企業情報で，IR情報ともいいます。企業業績の推移，投資家向けのニュース，株主総会，有価証券報告書などの決算に関する発表資料が掲載されています。誰でも普通の人々がアクセスして企業の投資家情報を入手することができます。投資家情報は第21節で詳しく解説します。

(7) 採用情報：大学生にとっては気になる項目ですが，会社側も人材募集に力を入れており，ホームページに採用情報の欄を設けています。仕事の内容，勤務形態，先輩メッセージ等を学生向けにわかりやすく解説しているところが特徴的です。

　ただし，会社がホームページに記載する情報には会社をPRしたいという願いも含まれています。それゆえに会社にとって都合の良くない情報が掲載されることが少ない点には注意が必要です。

16 インターネット情報を活用する

　会社のホームページを含め，インターネット上の情報を集めることは有益です。一般に公表されているページであれば誰でも閲覧できますし，ダウンロードや分析に便利なように pdf ファイルやエクセルファイルを提供するサイトもあります。インターネットがない時代には本や資料を取り寄せて企業情報を収集するしかなく，企業の発表資料を簡単に収集できませんでした。これが時代は大きく変わり，今日では専門のアナリストも一般人も同じようにインターネットから企業の資料をダウンロードすることができます。『誰でも企業研究ができる時代』になっているのです。

　ではどのようにインターネットで情報を入手すればよいかというと，最も簡便な手段が**ウィキペディア**（Wikipedia）です。ウィキペディアはボランティアの共同作業によって作成されるインターネット上の百科事典ですが，編集責任は担保されておらず内容の正確性には限界があります。しかしほとんどの上場会社や比較的規模の大きい一部の未公開企業，海外の上場会社はウィキペディアに掲載されており，研究以外の目的で手早く会社を知りたい人には便利なツールです[5]。会社の詳しい業績や業績の推移は掲載されておらず，経営方針や経営計画のような会社側の考え方もほとんど載っていないので，会社の概要を知ることに限定して活用すればよいでしょう。

　会社の業績や株式情報を手早く知りたいのなら，インターネット上の**株式情報サイト**から情報収集をする手があります。主な株式情報サイトは，Yahoo! ファイナンス，日経会社情報 DIGITAL，会社

四季報オンライン，株マップ.com があげられます。これらは投資家が利用するサイトですから，情報は上場会社に限定されています。また，企業情報も，株価情報やグラフはもちろん，売上高，営業利益，当期利益の最近のデータや，**自己資本当期利益率**（ROE）や**自己資本比率**のような重要な経営指標や株式関連の指標，あるいは会社の特色や最近のトピックスのような情報も掲載されています。

　株価は企業業績，金利，景気，内外情勢など複雑な多数の要因によって日々変動していますから，株価が上がっているから良い企業と決め打ちすることはできません。しかし，全体的にいえば株価が上昇傾向にある会社は業績が好調であるとか成長基調の会社が多く，逆に株価が下落傾向の会社は業績に不安がある会社や業容が停滞している会社が多くなります。株価は投資家の企業評価を表したものですから，株価の傾向をみると投資家が企業の現状と将来性をどう評価しているかをある程度つかむことができるでしょう。

日経会社情報 DIGITAL の記載例（抜粋）

9020：陸運 │ 東証１部 │ 日経平均採用　【国内最大の鉄道会社】JR7社のリーダー格。関連事業を強化。

ＪＲ東日本

現在値(15:00)：**7,268** 円　前日比：**＋118**(＋1.65%)

主要財務指標

損益計算書　　　　　　　　　　　　　　　　　　単位：百万円

決算期	2017/3連	2018/3連	2019/3連	2020/3連	2021/3連
売上高	2,880,802	2,950,156	3,002,043	2,946,639	1,764,584
営業利益	466,309	481,295	484,860	380,841	−520,358
経常利益	412,311	439,969	443,267	339,525	−579,798
当期利益	277,925	288,957	295,216	198,428	−577,900
一株利益（円）	713.96	749.20	773.26	524.91	-
一株配当（円）	130.00	140.00	150.00	165.00	100.00

経営指標

決算期	2017/3連	2018/3連	2019/3連	2020/3連	2021/3連
一株純資産（円）	6,825.51	7,426.92	8,046.93	8,340.01	6,719.93
自己資本利益率（ROE）（%）	10.91	10.48	9.96	6.39	−20.34
営業利益率（%）	16.19	16.31	16.15	12.92	−29.49
自己資本比率（%）	33.54	35.09	36.69	36.85	28.43
決算月数（カ月）	12	12	12	12	12

（出所）日経会社情報 DIGITAL より抜粋。

⏹17 会社四季報を活用する

インターネットの企業情報はとても有益です。ネット上には膨大な情報が掲載されていますが，検索やリンクの機能によって知りたい情報に到達しやすいし，デジタル情報はコピー，転記，加工が簡単にできるからです。紙媒体と比べたら圧倒的に優位であるだけに，21世紀の企業情報はほとんどがウェブ情報です。しかし欠点もないわけではありません。ウェブ情報は記事を読む時にスクロールやページめくりの作業が必要であり，一度に情報を読み取ることができません。一方，紙媒体は手に取って斜め読みや飛ばし読みができ，一覧性と視認性は紙の資料に軍配が上がります。皆さんが10社や20社の多数の企業情報をざっとつかむには，ページめくりの必要なインターネットよりも紙の方が効率的でしょう。たくさんの企業を見て回り，幅広く情報を収集するようなケースでは，企業情報誌を活用することを勧めます。

余談ですが，就活学生なら使っているリクナビは**リクルートグループ**が運営しています。リクルートの前身である大学新聞広告社が1962年に大学生への求人情報を集めた企業情報誌「企業への招待」を創刊し，学生向け就職情報サービスの草分けになりました。企業への招待は1冊数百頁から千頁超（3分冊になった時期もありました）の部厚い冊子で，大学生の自宅に無料で郵送されていました。昭和の大学生にはこの紙媒体が数少ない情報源でした。

■会社四季報

現在発行されている主な企業情報誌は，東洋経済新報社の『**会社**

四季報』が紙媒体として発行されています。この雑誌は年4回刊行され，国内の上場企業全社を対象に企業情報と株価情報を掲載しており，最新の決算や企業動向，株価動向を知りたい人には有益です。ウェブ情報の方が便利な時代ですから，会社四季報も紙媒体とほぼ同じ内容をインターネットに掲載しており，無料版・有料版それぞれをネット上で活用することもできます。

　会社四季報（紙媒体）の長所は，上場企業全社の情報を1頁以内にコンパクトにまとめており，会社の概要や業績，最近の動向を短時間で把握したい場合に役立ちます。インターネットで閲覧して複数の会社を比較する場合は，画面をスクロールしたり違うサイトに飛んだりするアクションが必要ですが，会社四季報はページをめくって他社の項目を読むのは簡単です。大学生が10社，20社と多くの会社を手際よく知るには，こうした紙媒体の企業情報を活用することも必要です。

会社四季報の掲載例

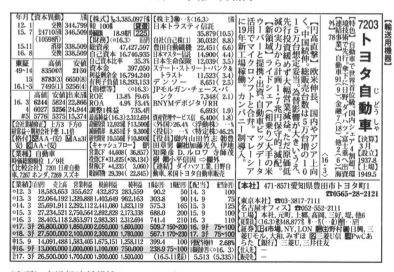

（出所）東洋経済新報社ホームページ。

18 会計を理解する

　会計（英語：Accounting）とは『事業の活動を記録し報告する行為』です。会計をお金で会社を管理することと考える人が多いと思いますが，正確ではありません。会計はお金を中心にして企業活動を把握しますが，お金以外のさまざまな情報も活用して会社の状態を把握し，関係者に報告する行動です。

　会計が実践的な学問であることはご存知でしょう。第一に，決算書によって，専門家でない一般の人々が会社の情報を入手し，その状況を知ることができます。私たちは会社が会計を通じて作成する文書や，ホームページ・公開資料などの情報によって，各社のビジネスを知り，どういう状況なのかを知ることができます。会社の重要な経営情報は**情報公開**を義務づけられています。発行した株式を証券取引所で常時取引できるようにしている会社は**上場会社**（英語：listed company または public company）と呼ばれますが，上場会社は法令と証券取引所のルールによって決算書類や重要な経営情報を速やかに公開することが義務づけられています。

　第二に，決算書をみれば，会社が成長しているのか，利益をあげているのかという経営状況を知ることができます。そして決算書を読み込み会社の説明を聞くことによって，その会社の特徴や長所，課題をつかむことができます。会計によって，会社の価値を分析し評価することができるのです。

　古代より国家は税を徴収し，国庫にお金や収穫物を保管しました。会計は，その租税や倉庫の中身を管理し，国王などの権力者にその記録を報告するという**簿記**（英語：Bookkeeping）の活動からは

じまりました。古代エジプトやバビロニアの時代に徴税物の倉庫を管理する専門の会計記録官がつけた会計記録が残っており，これが現在の会計帳簿の起源にあたります。

　その後の中世ヨーロッパにおける荘園の管理や海上貿易の商業活動でも，それぞれに考えられた方法で会計記録がつけられ，16世紀以降の大航海時代で貿易活動が発展し，東インド会社のような大規模な組織が設立されると会計記録の重要度が増し，簿記の技術が発達しました。

　日本の近代的な会計は明治時代にはじまります。1873年（明治6年）に福澤諭吉が日本で初めて西洋簿記を紹介した翻訳書『帳合の法』を出版しましたが，明治初期までの日本では会計記録のことを帳簿と呼んでいました。福澤の翻訳によって簿記という新しい言葉が生まれ，現在に至っています。

　会計は，国や地方公共団体などで使われる**公会計**と，企業で使われる**企業会計**があり，大学では主に企業会計について学んでいきます。企業会計の目的を簡単にいえば，企業が活動内容と成果を報告するためで，その手段として行う活動が企業会計です。企業は株主や金融機関から資金を調達して事業を行いますが，資金を出した者に活動経過を報告する必要があります。この説明を果たすために守るべき基準が作られてきました。日本ではそれを**企業会計原則**と呼びますが，その第一に企業会計は真実な報告を提供するものでなければならないという真実性の原則があります。真実性のほかにも，企業会計基準は明瞭性，継続性，保守主義，単一性などの原則を規定しています。会計には「何か厳格でキッチリしている」ようなイメージがあると思いますが，それは会計に従事している人たちがこの原則を追求していることが背景にあるのでしょう。

19 会社決算の基本

　一定期間の収入・支出を計算して，利益と損失を算出することを**決算**，その決算を行う期間を**会計期間**（または**事業年度**），会計期間の終わりを**決算期**といいます。4月1日から翌年の3月31日までの1年間を決算の対象とするA社もあれば，1月1日から年末の12月31日までを会計期間にするB社もありますが，A社の決算期は3月，B社は12月決算と表現します。国・地方自治体の政府組織はすべて4月から3月までが会計期間です。

　決算期はどの月が多いでしょうか。国税庁の統計によると[6]，日本の会社全体では3月決算が最も多く全体の18%を占めており，ついで9月決算の会社が10.9%，第三位が12月決算で10.4%と，決算期は比較的分散しています。しかし上場会社の約7割は決算期を3月にしています。これは政府の会計年度や税制，人事異動，株主総会の運営などを考慮していることが背景にあります。欧米は日本と違って12月決算の会社が最も多いですが，マイクロソフトが6月，ディズニーが9月とそれ以外の会社も結構あります。

　第22節で説明しますが，すべての株式会社は事業年度ごとに決算書を作成する義務があり，その中でも上場会社は四半期ごとに決算を発表しなければなりません。この**四半期**という用語を使い慣れない人のために解説します。四半期は1年を四等分した期間ですから3カ月にあたります。先にあげたように日本の上場企業に多い3月決算会社であれば，次頁の図のように第1四半期が4月1日から6月30日，第2四半期が7月から9月と決まります。また，現在は四半期決算があるので半期ごとの決算は行われませんが，**半期**と

いう用語も使われることがあります。

　会計期間における取引をまとめた記録のうち重要な書類を**決算書**（または決算報告書）と総称します。この重要書類の名称は複数あって，**財務諸表**といったり**計算書類**といったりしますが，同じ書類です。日本の会計基準では以下の4種類の文書を作成する必要があり，これらが決算書と呼ばれ，多くの会社では経理部や財務部という専門の部署が作成しています。

① **損益計算書**（英語：Income Statement，**P/L**と略称される）：企業の会計期間における収益と費用を表した書類です。損益計算書には売上，費用，利益（損失）が記載されています。

② **貸借対照表**（英語：balance Sheet，**B/S**と略称される）：会計期間における資産，負債，純資産の状態を表すために作成される文書です。

③ **キャッシュ・フロー計算書**：（**C/F**と略称される）：会計期間における現金の増減を示す文書です。企業が現金を増やす力や支払能力をみることができます。

④ **株主資本等変動計算書**：貸借対照表で計算される純資産について，その変動状況を表す文書です。資本金や余剰金が変動する流れをみるための情報を提供します。

3月決算会社における年度，半期，四半期

■3月決算の場合

第1四半期 4～6月	第2四半期 7～9月	第3四半期 10～12月	第4四半期 1～3月
上半期（4～9月）		下半期（10～3月）	
通期（4～3月）			

第4章

企業情報を収集する

▶第4章 企業情報を収集する

実際に決算書を入手して
企業を調べてみよう

　簿記とか会計学を勉強してないと決算書は読めないのでは？と思うでしょうが，そこまでしっかり学んでいなくても決算書を読むことは可能です。第3章までに解説した会社の仕組みや会計の基本を理解していれば，大事なところは一通り理解できるはずです。

　注意して学んでほしいのは「**決算書のスタイル**」です。決算書は指定された項目を指定された順番で記載しています。会社を代表して発信する文書ですから間違いがあってはならず，正確に詳細に記述する必要があります。そういう趣旨で作られたものなので，専門的な内容の書かれた「重々しい文章」が長々と続いています。ですから最初はとっつきにくく難解に感じるのが普通です。

　上場会社の決算書である**有価証券報告書**は，誰でもインターネットから入手できます。この資料を見れば売上や利益の数字だけでなく，会社が何を目標にして，どのようなことを重点に取り組んでいるか，課題は何なのかを理解することができます。ぜひ一度は有価証券報告書を読んでみてください。何か面白い発見があるはずです。

20 正確な企業情報を収集する

　さて，決算書はどうやれば入手できるでしょうか。決算書とは会社の成績表であり，健康診断書や学校の通知表のように詳しい経営状況が書かれています。赤字の決算や借入金や債務の残高，未収入金のような情報は他人に見せたくないでしょう。ですから，会社の関係者である株主，銀行，大きな取引のある企業には決算書を提出しますが，部外者に対して見せることはまずありません。

　しかし，株式を上場している会社は，**金融商品取引法**によって，事業年度終了後3カ月以内に**有価証券報告書**（有報と略称することが多い）を国に提出するように義務づけられています。したがって，上場会社の決算書は有価証券報告書を入手すればよいのです。

■決算書の公開義務

　そもそも，会社の情報公開はどのようなルールで行われているのでしょうか。会社は会社法に基づいて運営されています。アメリカでもフランスでも主要国は会社に関する法律によって会社が設立され運営されています。日本の会社法では「株式会社は各事業年度に係る計算書類及び事業報告並びにこれらの附属明細書を作成しなければならない」[7] と規定されています。これによって**会社は毎年決算書を作成する義務**があります。

　では，決算書を社外に公表する義務はないのでしょうか。上場会社は先のように有報の提出義務があり，それに加えて上場している証券取引所の規則によって決算短信や経営情報を速やかに公表しなければいけないとする**適時開示ルール**が定められています。

　一方，株式を上場していない未上場会社や個人企業については，決算書を入手することはほぼ不可能です。実は，会社法で「株式会社は定時株主総会の承認後遅滞なく，貸借対照表を公告しなければならない。」[8]と定められており，有価証券報告書を提出している上場企業は上記の公告は除外されています。つまり，未上場会社は主要な決算情報を**公告**する義務があります。公告とはホームページや官報・日刊新聞に掲示することで，下表がその例です。ところが，公告義務を定めているものの，決算公告を行っている未上場会社は数％程度と推定されています[9]。

　したがって，未上場会社を調べる場合は決算書の情報を入手することはまず不可能で，会社のホームページやパンフレットに記載されている情報を中心に限られた情報をもとに調査していかざるをえないのです。ビジネスでこうした未上場会社を調べる際には，専門の信用調査会社（帝国データバンク，東京商工リサーチなど）からレポートやデータを購入し分析に使用しています。

未公開企業の決算公告（例）

第 68 期 決 算 公 告

令和 3 年 3 月 23 日　　　横浜市中区

株式会社 ○○○○○○○○

代表取締役

貸借対照表の要旨（令和 2 年12月31日現在）（単位：百万円）

科　　　目	金　　額	科　　　目	金　　額
流 動 資 産	5,916	流 動 負 債	4,289
固 定 資 産	10,560	固 定 負 債	6,262
		負 債 合 計	**10,551**
		株 主 資 本	5,925
		資 本 金	100
		資 本 剰 余 金	550
		その他資本剰余金	550
		利 益 剰 余 金	5,275
		利 益 準 備 金	3
		その他利益剰余金	5,272
		（うち当期純利益）	(524)
		純 資 産 合 計	**5,925**
資 産 合 計	**16,476**	**負債・純資産合計**	**16,476**

（出所）官報決算データサービス。

21 投資家向けウェブサイト

　上場会社は実に沢山の情報を公開しています。前節のように，上場会社は金融商品取引法や会社法という法律に基づく開示が義務づけられており，これを**法定開示**といいます。また証券取引所のルールで，株価に影響を与える可能性にある経営情報を適時に適切に公表する義務が課されており，これを**適時開示**といいます。この法律やルールに基づく開示のほかにも，上場企業では投資家向け説明会やホームページを通じて投資家に向けて情報提供が行われています。こうした会社が投資家に向けて発信する活動を**インベスター・リレーションズ**（英語：Investor Relations）といい，**IR** という略称や **IR 活動**という用語が定着しています。

　上場会社は，国内・海外の投資家向けに IR 活動を行い，たくさんの情報を自社のウェブサイトに掲載しています。もちろん公表義務があることがその理由ですが，それに加えて投資家の理解度が深まることが資金調達をはじめとする企業運営に役立つと会社が考えているからです。日本 IR 協議会の「2021 年 IR 活動実態調査」によると，日本の上場企業の 95％が IR 活動を行っています。会社のホームページに開設された投資家向けウェブサイトは**投資家情報**や **IR 情報**と呼ばれていますが，これらは一般公開されており，投資家でなくても誰でもアクセスできます。

　次の頁の表は投資家向けウェブサイトに掲載されているコンテンツの例です。詳しい財務情報や発表資料，企業データ，事業活動の説明資料，会社のニュース発表予定など，投資家の知りたい内容が掲載されています。上場会社について，利益をあげているか，財政

的に安定しているか，効率的な事業活動が行われているか，会社は成長傾向にあるか，社会の中でどのような成果を発揮しているか，といった観点から企業を調べるのであれば，投資家向けウェブサイトから情報を収集することが不可欠です。本格的な企業研究でなくても，講義や論文で会社のケーススタディに取り組む場合や，就活で会社訪問前に下調べをする時に，この投資家情報で掲載されている経営方針を読んだり，掲載されている決算説明会の資料やビデオを見れば，会社が重点を置く方針や目標について詳しい踏み込んだ情報が得られると思います。

　したがって，企業を研究する具体的なプロセスを要約すれば以下のとおりです。

① 　最初に，会社ホームページやインターネット情報，会社四季報を使って対象企業の概況をつかむ。

② 　そのうえで，投資家向けウェブサイトにアクセスし，掲載された投資家情報から必要な情報を閲覧し収集する。

③ 　定性分析に向けて，有価証券報告書等の決算資料を入手する。

投資家向けウェブサイトのコンテンツ（例）

1. 経営方針	・トップメッセージ・経営戦略・コーポレートガバナンス ・マーケットデータ・事業データ
2. 会社情報	・企業情報・経営理念・事業内容・経営陣紹介・沿革 ・グループ会社
3. 財務情報	・決算ハイライト・損益計算書・貸借対照表・セグメント情報 ・主要財務データ図表
4. ニュース	・IRニュース・プレスリリース
5. IR資料室	・決算短信・決算説明会資料・決算説明会動画・有価証券報告書 ・事業報告書・株主通信・アニュアルレポート・ファクトブック
6. 株式情報	・株価情報・株式状況・株主総会・配当金・アナリスト情報 ・社債格付情報
7. その他	・CSR・IRカレンダー・お問い合わせ・メール配信

22 有価証券報告書を読み込む

　有価証券報告書（会社の財務諸表と事業活動を詳しくまとめた決算書，略称：**有報**）は，**金融商品取引法**という法律によって，株式を上場している会社は事業年度終了後３カ月以内に国に提出するように義務づけられています。３月決算の会社であれば，当年の６月末までに公表されます。本格的に企業研究をするには有報は欠かせません。ぜひ皆さんも関心のある会社の有価証券報告書を読んでほしいと思います。

　有価証券報告書の入手方法は２通りありますが，どちらも簡単です。１つ目は会社の投資家向けウェブサイトです。上場企業の多くはホームページに自社の有報を過去数年分にわたって掲載しており，閲覧やダウンロードができます。２つ目は **EDINET** というウェブサイトです。

■ EDINET（企業情報の電子開示システム）

　EDINET とは，「Electronic Disclosure for Investors' Network」の略語で，金融庁が公開している有価証券報告書などを開示閲覧するシステムです。アメリカの証券取引委員会が運営する情報開示システムをモデルとして構築されたシステムで，365 日稼働しており，誰でも開示文書をウェブサイト上で閲覧でき，ダウンロードも簡単にできます。EDINET は 2000 年に導入され，それまでは紙媒体で提出されていた有価証券報告書や四半期報告書，有価証券届出書などの開示書類を電子データ形式で提出することが可能になりました。

■ EDINET で有価証券報告書を入手する方法

　EDINET を使った検索は簡単です。EDINET のトップページで「書類検索」を選択し（下の図），「提出者／発行者／ファンド」の欄に会社名を入れます。「検索」ボタンを押すと，直近に提出された書類から順に表示され，書類を選択すると html 形式や pdf 形式などでデジタル資料を閲覧・ダウンロードすることができます。

　余談になりますが，インターネットがなかった時代は，政府に提出された有価証券報告書は冊子のかたちで専門出版社から刊行されていました[(10)]。当時は銀行や証券会社は各社の冊子を購入して保管していましたが，一般人が有報を手に入れるには，証券取引所や財務局に行って閲覧するか，政府刊行物センターのような特定の販売所で冊子を購入する必要がありました。今日であれば，有報が公開された時点から誰でも同時に無料でアクセスできますし，海外からでも入手可能です。企業の情報公開はインターネットによって一挙に進み，プロの専門家も一般の人々も同じ条件で利用できる時代になっているのです。

EDINET の検索サイト（ローソンの有報を検索している場面）

（出所）EDINET。

■有価証券報告書に書かれている情報

　有価証券報告書は金融商品取引法という法律に基づいて提出義務のある文書で、第21節で述べた法定開示の中で最も重要な文書です。金融商品取引法は有報に正確な記載をするようにルールと罰則を定めていますが、虚偽の記載をした場合は犯罪となり、懲役や罰金等の対象になる可能性もあります[11]。

　では、有価証券報告書はどのようなことが書かれているのか次頁の表を見ていきましょう。有報の記載内容は多岐にわたっており、財務諸表（表の「第5 経理の状況」に記載されています）だけではなく、事業の状況やリスク、対処すべき課題、重要な契約や研究開発活動、あるいは株主構成や株価や配当の状況など、さまざまな視点から内容の濃い情報が開示されます。このため、平均的な上場会社で百数十頁前後、多い会社だと200頁以上の分量になります。有報で虚偽の内容を記載すると刑事罰の可能性がありますから、それこそ会社は真剣に正確な報告書を作成しているのです。

　いざ読んでみると大量かつ複雑で、会計用語と各社独自の専門用語が多く、難しい内容に閉口する人も少なくないでしょう。そういう問題はあっても、有価証券報告書は法令に基づいて**開示ガイドライン**が定められて記載内容が統一されており、どの会社でも項目や図表はだいたい同じ形式です。有報の読み方に慣れてどこに何が書いてあるかがわかるようになれば、情報を見つける時間も短くなり会社間の比較も可能になります。**有報を最初から最後まですべて読む必要はまずありません。**表の記載項目のうち、第1（企業の概況）、第2の1（経営方針、経営環境及び対処すべき課題等）と3（経営者による財政状態、経営成績及びキャッシュ・フローの状況の分析）、第5（経理の状況）という項目を読めば財務分析で必要な数字は記載されており、大体のところは事足りるのです。

　有価証券報告書の記述内容は投資家の反応や株価に影響を与える

ことがありますし，もし間違いがあれば大変なことになりますから
慎重な表現が使われています。専門的で精緻な長い文章の中から，
自分の必要な情報を上手に見つけることがポイントになります。

有価証券報告書に記載する内容

第一部　企業情報
　　　第1　企業の概況
　　　　　　　1 主要な経営指標等の推移
　　　　　　　2 沿革
　　　　　　　3 事業の内容
　　　　　　　4 関係会社の状況
　　　　　　　5 従業員の状況
　　　第2　事業の状況
　　　　　　　1 経営方針，経営環境及び対処すべき課題等
　　　　　　　2 事業等のリスク
　　　　　　　3 経営者による財政状態，経営成績及びキャッシュ・フロー
　　　　　　　　 の状況の分析
　　　　　　　4 経営上の重要な契約等
　　　　　　　5 研究開発活動
　　　第3　設備の状況
　　　　　　　1 設備投資等の概要
　　　　　　　2 主要な設備の状況
　　　　　　　3 設備の新設，除去等の計画
　　　第4　提出会社の状況
　　　　　　　1 株式等の状況
　　　　　　　2 自己株式の取得等の状況
　　　　　　　3 配当政策
　　　　　　　4 コーポレート・ガバナンスの状況等
　　　第5　経理の状況
　　　　　　　1 連結財務諸表等
　　　　　　　2 財務諸表等
　　　第6　提出会社の株式事務の概要
　　　第7　提出会社の参考情報
　　　　　　　1 提出会社の親会社等の情報
　　　　　　　2 その他の参考情報
第二部　提出会社の保証会社等の情報
監査報告書
内部統制報告書

23 会社の公表資料を活用する

　上場会社が公表している資料は有報だけではありません。金融商品取引法では，年1回の有報のほか，3カ月ごとに**四半期報告書**の提出も義務づけられています。四半期報告書は有報よりも記載内容が少なくなっていますが，四半期決算の内容や企業活動を把握することができます。また，現在の上場会社は四半期ごとに決算を発表する必要がありますが，発表時には証券取引所の**適時開示ルール**によって**決算短信**という決算速報を公表しています。

　法令やルールがいくつも出てきたので，会計を習ったことのない人は混乱しているかもしれません。なぜこれだけ情報を公表しているかの理由を説明するために解説しているので，その部分は飛ばして読んでもかまいません。要するに，上場会社は**法定開示**しなければいけない資料，**適時開示**しなければいけない資料，そして会社が自由に開示する資料の3つに分かれており，有報と四半期報告書は法定開示，決算短信は適時開示に該当します。

　また，会社が自由に開示する資料も大変役立ちます。主なものをあげると，アニュアルレポート，ファクトブック，統合報告書，決算説明会資料，業績資料です。これらの資料は名前も内容も上場会社で統一されてはいませんが，それだけに会社独自の内容も多く特徴をつかみやすいといえます。

　アニュアルレポート（Annual Report）は，日本語で年次報告書といい，1年間の経営状況についての総合的な情報を掲載した冊子です。決算短信や有価証券報告書とは異なり，企業理念や経営者の考え方，事業戦略，CSRへの取り組み，社員の動向などの多様な要

素を自由に盛り込んでおり，また長期のビジョン，技術開発，社風などの「数字では見えない企業情報」も説明しています。これまでは海外株主への情報提供を目的に英語版のアニュアルレポートだけを発表する会社が多かったのですが，最近は日本語のアニュアルレポートも増えています。**ファクトブック**（Factbook）とは，財務諸表の数値や製品・サービスの販売動向や輸出動向，セグメントと呼ばれる事業分野の状況などについて数値データを中心に掲載した資料集です。**統合報告書**は，有報などに記載されている財務情報に加えて，知的財産や社会的責任，企業統治の状況などの非財務情報をまとめた資料です。最近の投資家は，環境問題や社会的責任，あるいは財務諸表に記載されていない技術力や知的財産の説明を求めるようになっており，そうした投資家のニーズに対応した資料です。

　下の資料は（株）ファーストリテイリングの投資家情報ですが，さまざまな資料がホームページに掲載されています。企業研究ではこの大量の情報の中から必要とする情報をセレクトする『情報の見つけ方』がポイントになるのです。

ファーストリテイリングの投資家情報（IR サイト）

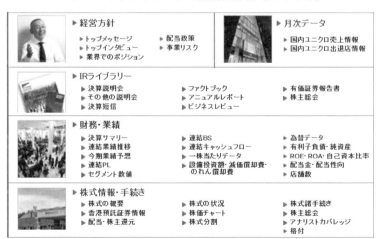

（出所）ファーストリテイリング HP。

⟦24⟧ 未上場会社を調べる

　本書は上場会社の分析を中心に説明していますが，未上場の会社に関心があって調べてみようとする人もいるでしょう。日本の99％以上の株式会社は未上場会社です。中小企業はもちろん，有名であっても未上場という会社があります。たとえば（株)NTTドコモは売上高4兆円を超える大企業ですが，日本電信電話(株)が親会社の未上場会社です。(株)ユニクロ，(株)セブン-イレブン・ジャパン，(株)三菱UFJ銀行，日本郵便(株)は未上場会社です。こんな有名な会社が未上場ということに驚くかもしれませんが，なぜなら各社はそれぞれ（株)ファーストリテイリング，(株)セブン＆アイ・ホールディングス，(株)三菱UFJフィナンシャル・グループ，日本郵政(株)という親会社が株式上場をしており，その子会社だからです。この例のように，**企業グループ**の傘下にある会社はほとんどが未上場会社です。日本では大きな未上場会社の大半は**グループ会社**（子会社や関連会社を含めた資本関係にある企業群）であり，就職活動で大学生が接する会社も上場会社の子会社や関連会社であることがかなり多いはずです。

　しかし，未上場会社は決算書の情報を入手することはまず不可能であり，会社のホームページやパンフレットに記載されている情報を中心に限られた情報をもとに調査するしか方法がありません。未上場会社を調べる場合，まずはその会社が上場している企業のグループ会社か，それとも他企業が大株主になっていない独立会社かどうかという**資本関係**が重要です。グループ会社の場合は，どの会社が大株主になっているかという**株主構成**は重要な情報です。親会

社が株式を上場していれば，親会社を研究することによってグループの全体像と対象会社の位置づけを知ることができるでしょう。グループ会社であっても未上場ですから，財務諸表は非開示のため財務分析はできませんが，それ以外の定性分析を行うことによって企業を理解していくことになります。

　企業グループに属さない未上場会社は，その多くは経営者一族や関係者が大株主になっている**同族会社**か，あるいは投資家と起業家が出資している**ベンチャー企業**が多くなります。どちらのタイプも企業情報は会社のホームページ情報以外は限られていますので，ヒアリングを行うか会社から直接資料を入手するか，それ以外に手段がありません。会社をよく知る人からの情報提供（口コミ）も重要なツールになります。ビジネスで未上場会社を調査する必要が生じた場合は，民間の**信用調査会社**（帝国データバンク，東京商工リサーチなど）に依頼した有料の調査レポートやデータベース（下図の例）を利用しています。また，会社の所在や資本金や代表者がわからない場合は，法務局に行って登記簿（商業登記簿）を調べる方法もあります。

帝国データバンクの企業データベース「TDB企業サーチ」

（出所）（株）帝国データバンクホームページ。

第 **5** 章

財務分析

▶第5章　財務分析

決算書の数値によって
企業の特徴・長所・短所をつかむ

　企業分析というと，最初に思い浮かぶのが決算書の数字を使った分析です。売上高の前年比とか，経常利益を売上で割った売上高経常利益率とか，バランスシートの自己資本を総資本で割った自己資本比率とか‥経営学が初めての人でも聞いたことがあるかもしれません。アナリストと呼ばれる専門家が決算書を使っていろいろと統計的な分析をしているのではないかと想像する人もいると思いますが，**こうした数字を使った分析作業を財務分析**といい，企業分析の中で最も多く幅広く行われているものです。

　でも，企業の分析は数字だけではないのでは？　その通りです。数字を使った分析もあるし，数字以外の分析もあります。たとえば会社の歴史を調べることやビジネスモデルを考えることも企業研究です。まずは本章で数字を使った定量分析，すなわち財務分析について，どのようにして行うのか，なぜ重要なのかを解説していきましょう。

25 分析のプロセス

　企業分析のプロセスは第1章で説明しましたが，重要ですのでもう一度繰り返します。企業研究をするうえで留意してほしいことは，企業を調べようとする前に分析の情報源と手順を理解しておくことです。分析作業を行う前に，会社の情報はどこにあって，どのように情報を収集するか，という前段階の準備が重要です。

　企業情報は上場企業1社だけでも膨大な分量があります。未経験者がそのような情報の中を探り歩いても，結論を得ることができずに頓挫してしまうことが多いと思います。まずは必要な情報を想定し，収集できる情報源を見つけ，そこから効率的に収集して，整理し，分析することが成功につながります。

■分析のプロセス
　企業分析は，一般的には以下のような項目順に行われています。

- ・企業情報の収集，整理，分析
- ・財務分析（定量分析）
- ・定性分析
- ・特徴，課題，リスクの把握
- ・総合評価

　どのような企業分析であっても，一番上に書いた「企業情報の収集」から始まります。**財務分析**を行うなら，まずは企業情報から**財務データ**（＝決算に関する金額のデータ）を収集します。財務データは企業の決算書に載っている数値ですが，投資家情報のホームペー

ジや **EDINET** で有価証券報告書を探して，入手した有報などの決算資料から財務データをコピーしてデータベースを作ります。そしてデータベースを財務分析手法に基づいて計算処理を行って分析し，結果を表やグラフに加工します。あるいは，**定性分析**を行う場合，たとえば対象とする会社の業界構造や競争状態を考える時には産業や業界シェアについて情報を集める必要があります。企業分析は結構手のかかるプロセスと感じるでしょうが，作業を自分の力で行っていかないと本当に企業分析をしたとは言えないのです。

　また，分析で使用する財務データは1年間や1四半期だけの数値ではなく，数年間の時系列データを集めることが多くなります。そういった上場会社の時系列データは日経 NEEDS などで市販されていますが，自分で財務データベースを作る時は財務諸表に記載された数値を転記していく必要があり，なかなか面倒な作業になります。比較的簡単に時系列データが作成できるのは有価証券報告書の「主要な経営指標等の推移」からの収集です。たとえば（株）ファーストリテイリングの有報の5頁目には最近5年間の主要な経営指標が記載されています（下表）。

ファーストリテイリングの有価証券報告書（2021年8月期，抜粋）

第1【企業の概況】
　1【主要な経営指標等の推移】
　　(1)　連結経営指標等

回次		第56期	第57期	第58期	第59期	第60期
決算年月		2017年8月	2018年8月	2019年8月	2020年8月	2021年8月
売上収益	(百万円)	1,861,917	2,130,060	2,290,548	2,008,846	2,132,992
営業利益	(百万円)	176,414	236,212	257,636	149,347	249,011
税引前利益	(百万円)	193,398	242,678	252,447	162,868	265,872
当期利益	(百万円)	119,280	154,811	162,578	90,357	169,847
親会社の所有者に帰属する持分	(百万円)	731,770	862,936	938,621	956,562	1,116,484
資産合計	(百万円)	1,388,486	19,653,466	2,010,558	2,411,990	2,509,976
現金および現金同等物の期末残高	(百万円)	683,802	999,697	1,086,519	1,093,531	1,177,736
従業員数	(人)	44,424	52,839	56,523	57,727	55,589
（外、平均臨時雇用者数）		(31,719)	(71,840)	(80,758)	(70,765)	(63,136)

26 財務分析とは

　数的な情報を用いた分析のことを**定量分析**といいます。企業分析では決算書に記載されている財務諸表を主に用いて定量分析を行うため，**財務分析**あるいは**財務諸表分析**という用語の方が多く使われますが，定量分析と同じ意味です。

　企業研究では決算書を使った財務分析が多く行われます。「決算書の読み方」とか「決算分析」という言葉は，この財務分析を指しています。財務分析は決算書の数字を使って分析するので，分析対象の企業を明確な数値や数量で表すことができます。したがって初めての人でも分析のやり方を理解して加減乗除の計算をすればよいので比較的簡単ですし，また結果が数字で表現できますから人によって価値認識が異なるという問題は発生しにくいのです。

　また，決算書には企業の活動が集約されており，企業全体を分析できる長所があります。たとえば，味の素（株）という会社を分析するために本社や工場の前で観察しても，製品をすべて手に入れて試食しても，それはごく一部分の動きです。世界中で活動する味の素を同時に考察することは不可能です。しかし，決算書は事業年度の活動結果を少ない資料で表現してくれます。

　しかし，財務分析にも短所があります。1つは決算書の数値は過去の情報であり結果ですから，過去の情報をもとに判断することになります。現在や未来の情報は財務分析には載っていないのです。第二に，財務分析のもとになる決算書に書いていない情報が企業分析で重要なことがあります。調べている会社の経営者の力量や営業力や技術力という企業の強みは決算書には記載されていません。第

三に，非上場の中小企業やベンチャー企業の場合は，決算書に記載された情報が真実か，実態を示しているかを考えて，決算書に頼らずに分析する行動も必要です。

■財務分析と定性分析の双方が必要

　以上の特徴から，企業分析は財務分析だけではなく**定性分析**によって多角的に調べていくことも必要です。決算書の数字だけではなくさまざまな企業情報を集めることです。有価証券報告書には財務諸表以外に経営環境や事業状況の説明，経営課題や経営リスクの説明が記載されています。あるいは，市場業界の状態，競争状況，ライバル企業との比較，マクロ経済や消費動向のような総合的な分析も必要になることがあります。つまり，**財務分析だけではなく財務諸表以外の情報を活用した定性分析もあわせて行うことが大事**です。

　決算書は企業によって作られた情報であり，評価する側が欲しい情報がすべて記載されているわけではありません。企業が成長し成熟する中で管理体制が充実し，決算書やホームページに公表する内容も水準も高くなっていきます。したがって，規模の小さい企業や新しいベンチャー企業では，資料に出ていない内容を分析する定性分析が求められ，実態に応じた『企業を見る眼』が重要になります。

中小企業やベンチャーでは定性分析が多くなる

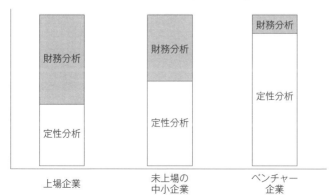

27 重要なファンダメンタル分析

　ファンダメンタルズ（英語：fundamentals）とは「基礎的諸条件」という意味で，政府や企業などの基本的な状態を指す場合に使われる用語です。マクロ経済では経済成長率，物価上昇率，失業率，財政収支のような経済指標を経済活動の基礎的条件としてファンダメンタルズと呼んでいます。この言葉を用いたファンダメンタル分析とは，決算書の中にある基本的で重要な数値を使って企業の状態を調べる分析手法です。

　財務分析をする際には，通常は最初に**収益性，成長性，効率性，安全性**の4つの基礎的要素を軸にして分析していき，これらの基礎的要素を分析したうえで発展的な分析や分析の総合評価を行います。したがって，この基礎的要素による財務分析の手法を**ファンダメンタル分析**（Fundamental Analysis）と呼んでいるわけです。

　ファンダメンタル分析は，テクニカル分析（統計学を用いた手法，証券投資等で使用される）のような他の分析方法と区別して使用されています。収益性，成長性，効率性，安全性を表現すれば，会社は儲かっているか，成長傾向にあるか，財政的に安定しているか，効率的な事業活動が行われているか，ということですが，これらはまさに会社経営の重要かつ基礎的な要素です。

　また，これらの4つの基礎的要素は，それぞれが独立しているわけではなく，相互に関連していることがよく見られます。互いに相関関係にあることも，逆に反相関になる場合もあります。さらには基礎的要素のどれを重視するかは分析者の立場によって異なります。安全性を重視する銀行の審査担当者もいれば，成長を重視する

投資家もいます。各要素の特徴を明らかにしたうえで，総合的に評価することが重要です。

以下に2つの例をあげましょう。

（例1）売上に比べて多額の現預金を保有している A 社は，

・支払い余力の視点（安全性）からは　　　　　→ 高い評価◎

・資金の効率的活用の視点（効率性）からは → 低い評価▲

（例2）積極的に借入を行って事業を拡大している B 社は，

・売上増加の視点（成長性）からは　　　　　　→ 高い評価◎

・借入金依存度の視点（安全性）からは　　→ 低い評価▲

ファンダメンタル分析は，上場会社であれば投資家情報サイト，株式情報サイト，あるいは有価証券報告書などの決算書に載っている主要業績の数値を入手すれば比較的簡単に分析できますから，大学生にとっては最初にトライできる作業になると思います。

ファンダメンタル分析の４つの要素

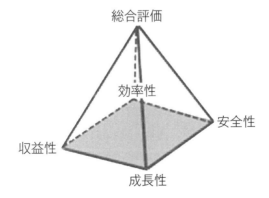

28 決算書が読みにくい理由

　財務分析で使う決算書は誰でも読みにくいものです。その理由は，①財務諸表に数字がたくさん出てくること，②数字が3桁区切りで表示されること，③1項目1行のスタイルで桁のそろわない数字が羅列されていて各項目の関係性がつかみにくいことにありますが，なぜかを理解すれば抵抗感が減ると思います。

　財務諸表には巨額の数字がびっしり並んでいます。中小企業でも売上高や総資産は1億円を超えますし，トップクラスの大企業であれば兆円単位になります。ですから，会社の決算書は1円単位の記載ではなく，大企業であれば百万円単位，中小企業であればたいてい千円単位で書かれています。しかし，この百万円単位とか千円単位の書き方がどうも読みにくく，初めて会計を学ぶ人はかなり違和感があると思います。

　大量の金額を数字で表すと間違いやすいため，金額の表記にはルールがあります。桁数の多い数字を表示する場合，アラビア数字を「**3桁区切り**」で表記することは知っているでしょう。日本や多くの国ではコンマを使った3桁区切りの表示方法を採用しています。ビジネスでは3桁区切りの数字が頻繁に出てくるので，読み慣れてこないと仕事のスピードはあがらないと思います。

　しかし，日本人にとって3桁区切りはどうにも読みにくい。日本や中国では，「千・万・億・兆」という桁を表す漢字で数字を書けばスラスラと理解できますが，高額の商品を123という単純なアラビア数字で表すと間違ってしまうことは少なくありません。漢字文化圏は**万進法**なので数字の漢字表記は四桁ごとに変わりますから，

4 桁区切りの方が読みやすいはずです。事実，江戸時代の会計帳簿では「1,234,567」という金額は「百二十三万四千五百六十七」と縦書きの漢字で書いていましたが，明治初期に福澤諭吉がアメリカの簿記書を翻訳した時は数字の書き方に悩んだそうです[12]。

　なぜ 3 桁区切りが日本に定着したのでしょうか。明治以降の近代化政策の中で，数字の表記方法については欧米諸国の会計で使われている 3 桁区切りの習慣にならったからです。さらに，第二次大戦後に政府が作成する文書の表現方法を定める公用文作成要領の中で，「大きな数は三桁ごとにコンマで区切る」と定められたそうです。

　英語で数字を表す場合，「4,084,129」という数字を英語で口頭表現すれば，"four million eighty four thousand one hundred twenty nine" となるでしょう。ヨーロッパ言語は**千進法**ですから，英語では thousand → million → billion という単語を使います。欧米人は意識しなくても 3 桁区切りで話せるのです。

　この 3 桁区切りの表示は主要国で使われており，ビジネス文書では区切った金額を表示するのが普通です。金額を表記する際にはできるだけ 3 桁区切りを使う方がよいでしょう。ただし区切りの表示方法は国によって違い複雑です。日本やアメリカでは 3 桁区切りはカンマ，小数点をピリオドで表しますが，ドイツやスペインでは小数点はカンマ，3 桁区切りはピリオドを使います。

　また，**決算書の読み手にとっては，決算書の小さな桁の数字にはあまり意味がない**ことも理解してください。決算書の読み手が必要なことは円単位の金額ではなく，どの程度の大きさかウエイトかです。たとえば，第 25 節の表に（株）ファーストリテイリングの経営指標が記載されていますが，重要なことは「何千億円」くらいなのかです。同社の 2021 年 3 月期の売上収益 2,132,992 百万円を 2 兆 1 千億円程度と思えばかなり読みやすくなるでしょう。

第6章

収益性分析

▶ 第6章　収益性分析

売上や利益の大きさだけでなく，利益率の状態が重要な経営指標になる

　会社を知らない人は，大きい会社なら良いだろうと思いがちです。売上や総資産や従業員数が多い会社は少ない会社よりも優れているのでしょうか。企業分析はそのような思い違いを正して，どのような尺度で会社を見ればよいかを教えてくれます。

　利益率という言葉は日常会話でも用いられる一般的な用語です。会社がもうかっているか，順調に経営しているかどうかは，確かに売上高の大きさも重要ですが，それよりも一単位当たりの利益率を調べて，前年に比べて高いか，あるいは他社と比べてどうかと比較することによって，会社の稼いでいる利益の状況を正確に把握することが可能になるのです。

　残念ながら，社外からは特定製品の利益率やどの顧客向けがもうかっているかまでは把握できません。会社の内部では，**管理会計**の手法を使って部門別や製品別の利益率の分析が行われ，経営戦略の決定に活用されています。この章では，ROS，ROA，ROEという収益性を示す比率を中心に，収益性分析の基本を学んでいきましょう。

29 収益性分析で使用する指標

　企業活動は利益を得ることを主目的としています。企業の**利害関係者**は，それぞれの立場から企業の収益性を計測しようとしていますが，収益性の主要な指標には以下の３つがあります。

■ ROS（売上高利益率，Return on Sales）

$$売上高利益率 = \frac{営業利益（または総利益，経常利益，当期純利益）}{売上高}$$

　企業が販売した財やサービスの総額（つまり売上高）に対する**マージン**（利益部分）の比率が売上高利益率（ROS）です。損益計算書には，営業利益，経常利益，税引後当期利益などのいくつかの段階利益が表示されますが，それらの利益を売上高で割れば段階利益別にみた ROS を計算できます。損益計算書を上から下にたどっていけば，各段階の費用と利益が記載されているので，それらを売上高で割った百分率をみればどの段階でどれだけ利益率が出ているかがわかるのです。

　ROS は，マージン分析（＝販売によってどれだけの利益をあげているか）や企業の原価管理（＝どこに費用がかかるか，利益をあげている部分はどこか，どうすれば採算がよくなるか）という目的に活用されています。具体的には会社の過去から現在までの ROS の推移を比較することで全体的な採算状態が判断できます。また，同業他社と経営状態を比較するうえでも ROS は有効です。一般的に，同じ業種であれば ROS の数値は近くなります。

　ただし ROS は次の点に注意が必要です。

・ROS は，分子になる営業利益や経常利益，当期利益は性格が
異なるので，分析の視点に応じて適するものを使用すること。

・以下の例のように業種や企業構造によって稼ぎ方は異なるので，
ROS の比較だけで良し悪しを判断できないことがあります。

（例）売上重視（薄利多売）の企業は ROS が低い。

（例）利益率重視（厚利少売）の企業は ROS が高い。

■ ROS を使った収益性分析の例（トヨタ自動車）

　ROS は売上高と利益という決算書の代表的な数値を使った指標
なので，他の指標よりも簡単に計算ができる利点もあります。特
に1つの会社の収益状況を時系列で表す場合，つまり会社がもうか
っている状況かどうかをみるには大変便利です。以下でトヨタ自動
車（株）の有価証券報告書から売上高と当期純利益を抽出し，2003
年度から 2020 年度までの長期間の ROS（ここでは売上高当期利益率）
を計算してみましょう。1年や四半期の短い期間だと売上高や利益
の増減に目が向いてしまいますが，下図のように長期間の利益率を
グラフにすると，収益性が高い時期と低い時期がわかります。2009

トヨタ自動車の ROS と ROA の推移（連結ベース）

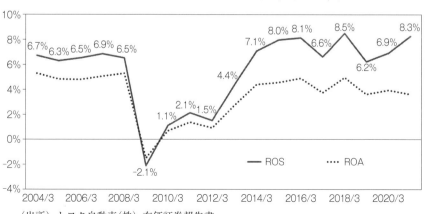

（出所）トヨタ自動車（株）有価証券報告書。

年から 2012 年まで ROS が低迷していたのはリーマンショックを契
機とした世界同時不況の影響を受けたからです。

■ **ROA** （総資産利益率, Return on Asset）

$$総資産利益率 = \frac{営業利益（または経常利益, 当期純利益）}{総資産}$$

ROA は, 使用している資産に対してどれだけの利益を生み出
したかの指標です。総資本利益率と表記している場合もあります。
ROA の正確な計算をする場合は, 期末の総資産と期初の総資産残
高を足して 2 で割った期中の平均値を用います。

　ROA も産業によって違いがあります。下図で上場企業の ROA
を産業別にみると, 情報・通信業に属する企業の ROA が高くなっ
ています。情報通信は多額の固定資産を必要としない産業という特
徴から, 少ない総資産で経営されているからです。逆に, 石油・石
炭や海運, 電力・ガスは ROA が低くなっていますが, これは業界
景気が良くないことに加えて大規模な固定資産が必要な産業という

上場企業の総資産経常利益率（2020 年度, 各業種中央値）

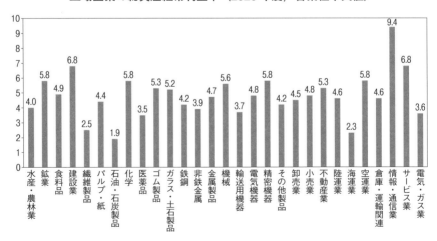

特徴が影響しています。

■ROA を使った収益性分析の例（自動車会社の比較）

　さきほどはトヨタ自動車の売上高収益率を算出しましたが，今度はトヨタ自動車，日産自動車，ホンダ，SUBARU，スズキ，いすゞ自動車の 2021 年 3 月期の ROA を計算して比較してみましょう。下の表がその結果です。ROA は対象期間の利益によって変化します。2021 年 3 月期のトヨタ自動車は 2 兆円あまりの当期利益を稼ぎ出し，ROA は 6 社の中でトップ，ROS もダントツです。他方，日産自動車は 2 期連続で当期利益が赤字になり，ROA も ROS もマイナスで他社から大きく引き離されています。このように利益率を同業他社と比較すれば，企業規模とは別の姿が見えてくるでしょう。

自動車メーカー 6 社の ROA，ROS 比較（2021 年 3 月期）

	売上高 (A) （百万円）	当期利益 (B) （百万円）	総資産 (C) （百万円）	ROA (B/C)	ROS (B/A)
トヨタ自動車	27,214,594	2,245,261	62,267,140	3.6%	8.3%
ホンダ	13,170,519	657,425	21,921,030	3.0%	5.0%
日産自動車	7,862,572	△ 448,697	16,452,068	−2.7%	−5.7%
SUBARU	2,830,210	76,510	3,411,712	2.2%	2.7%
スズキ	3,178,209	146,421	4,036,360	3.6%	4.6%
いすゞ自動車	1,908,150	42,708	2,244,970	1.9%	2.2%

（注）各社の決算資料による。総資産は決算期末時点。

```
●重要な計算式
・ROS ＝利益÷売上高　　（売上当たりの利益率，マージン）
・ROA ＝利益÷総資産　　（使用する資産当たりの利益率）
・ROE ＝利益÷自己資本　（株主の持分当たりの利益率）
```

30 株主は ROE 重視

■ ROE（自己資本利益率，Return on Equity）

$$自己資本利益率 = \frac{当期純利益}{自己資本}$$

　自己資本利益率は株主が拠出した資金である自己資本に焦点を当てた収益性指標です。株主から見れば，自分の持ち分（自己資本）に対して会社が稼いだ利益の比率です。株主をはじめとする投資家は自分の資産をどのように使えば利益を上げられるかを考えて投資を行うわけですが，ROE は投資家が投じた資金の利益率と考えることができます。したがって，ROE という利益率が高い方が投資家からの評価が高くなり，株価の上昇につながりやすくなります。

　ROE の計算式（連結決算の場合）は，親会社株主に帰属する当期純利益を自己資本で割ります。「親会社株主に帰属する当期純利益」という項目は耳慣れないかもしれませんが，会計基準の改正により 2016 年 3 月期の期末決算から損益計算書の表示方法が変更され，以前の「当期純利益」が「親会社株主に帰属する当期純利益」と表示されることとなりました。

　ROE の計算では分子を当期純利益（連結決算の表記では「親会社株主に帰属する当期純利益」）だけを使って計算します。ROE は株主が拠出した自己資本に対する利益率を知るための指標ですので，分子は株主に帰属する利益をみる必要があるからです。

■ ROE を分解する

　ROE の計算式を数学的に分解すると，次の式のように，①売上

高利益率，②総資本回転率，そして③自己資本比率の逆数の３つに
分解することができます。

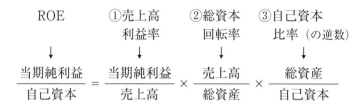

$$\underset{\text{自己資本}}{\text{当期純利益}} = \underset{\text{売上高}}{\text{当期純利益}} \times \underset{\text{総資産}}{\text{売上高}} \times \underset{\text{自己資本}}{\text{総資産}}$$

　この式を使った要因分析は**デュポン分析**（デュポン分解）と呼ば
れ，次のように ROE の変動要因を説明することができます[13]。

　(1) 売上マージン（売上高利益率）の向上は，ROE 向上に寄与する。

　(2) 資本の効率（総資本回転率）の向上は，ROE 向上に寄与する。

　(3) 自己資本比率の低下は，ROE 向上に寄与する。

　デュポン分析によれば，売上高利益率や総資本回転率が良くなれ
ば ROE は向上します。しかし会社が借入金や社債という負債を使
って自己資本を増やさずに事業を行うと，(3) のように自己資本比
率は低下しますが ROE が向上します。つまり借入金や社債をテコ
（梃子，英語でレバレッジと呼ぶ）にして利益を増やすことができます。

　例をあげると，総資産利益率 ROA が５％の A 社で，自己資本が
１億円，借入残高が１億円とします。A 社がさらに１億円借入をし
て事業を拡大すると，ROA は５％ですから１億円× ５％ ＝ 500 万円
が増益になります。この間には自己資本は変わっていませんので，
借入のコストを無視すれば ROE は＋ 500 万円／ １億円 ＝ ＋ ５％だ
け増加することになります。このように借入や社債という自己資本
以外の資金を使って利益をあげた場合，自己資本だけを使った時よ
りも ROE が向上することを「**財務レバレッジの効果**」と呼んでい
ます。

31 収益性の国際比較

　ここで日本企業の収益性が欧米各国と比べてどのような状況にあるかをみていきましょう。表1は，日本，米国，欧州の主な上場企業について ROE と ROA の長期的な推移をみたものです。日本企業の ROE は 2014 年頃から上昇傾向にありますが，米国の6割前後，欧州の8割前後という低い水準です。また ROA を比較すると，日本企業は米国・欧州と ROE ほどの格差はないものの，低い状態が続いています。つまり日本企業の ROE を国際比較すると，長期にわたり低水準を続け，特に他国に比べてばらつきが少なく低位集中傾向にあります。

表1　日米欧上場企業の ROE・ROA の推移

年		2008	2010	2012	2014	2015	2016	2017	2018
ROE	日本	1.9%	3.9%	4.9%	8.2%	8.1%	8.8%	10.3%	9.4%
	米国	14.1%	17.4%	16.3%	16.7%	14.1%	15.5%	16.8%	18.4%
	欧州	12.0%	14.8%	10.6%	10.5%	8.4%	8.9%	14.0%	11.9%
ROA	日本	0.7%	2.2%	1.8%	3.1%	3.3%	3.6%	4.2%	3.9%
	米国	5.1%	6.5%	6.1%	6.3%	5.1%	5.4%	5.7%	6.2%
	欧州	3.8%	4.9%	3.7%	3.6%	2.9%	3.0%	5.0%	4.2%

（出所）経済産業省産業資金課資料。対象上場企業，日本：TOPIX500 のうち 402 社，米国：S&P500 のうち 366 社，欧州：BE500 のうち 352 社，いずれも金融業を除く。ROE ＝当期純利益／自己資本，ROA ＝当期純利益／総資産。

　この構造を経済産業省の研究プロジェクト『持続的成長への競争力とインセンティブ―企業と投資家の望ましい関係構築』が分析し，2014 年に「**伊藤レポート**」として提言しています。伊藤レポートでは，第 30 節で解説したデュポン分析を使って日本企業の ROE が低い要因を分析しています。ROE を売上高利益率，資本回

転率，レバレッジに分解して日米欧で比較すると，総資本回転率と
自己資本比率の逆数には大きな差がないが，売上高利益率 ROS が
低く，事業の収益性の低さが ROE 低迷の原因となっています。伊
藤レポートでは，『グローバルな投資家から認められるには，まず
は第一ステップとして**最低限 8%を上回る ROE を達成することに
コミットすべき**である。』と明記し，日本企業に対し ROE を引き
上げるように提言をしています。

　このレポートはあくまで提言書であり拘束力は持ちませんが，企
業側では中期経営計画における達成目標として ROE を掲げる会社
が増えています（表2）。このような提言や事例から考えてみれば，
上場企業の収益性は ROE で8%が1つのメルクマール（目安）とな
りうる，すなわち8%を下回っていれば収益性は改善の余地がある
と考えればよいでしょう。とはいっても，実際に企業が収益性を向
上させることは簡単ではありません。上場企業の 2020 年度決算を
調べると，ROE が8%未満の会社は全体の6割にあたる 2,273 社に
のぼっています[14]。最近の投資家側の動きをみると，企業分析や
株主総会の議決権行使において ROE のような資本収益率の指標を
重視する流れが強まっています。日本企業には稼ぐ力を高めること
が一段と求められているといえるでしょう。

表2　ROE が経営計画に記載された例

会社名	（業種）	ROE 目標値	目標時期
パナソニック	（電機）	10%	2010 年度発表
資生堂	（化粧品）	14%	2020 年度発表
デンソー	（自動車部品）	10%超	2021 年度発表
住友商事	（商社）	10%以上	2021-23 年度目標
東レ	（繊維）	約9%	2022 年度目標
三菱電機	（電機）	10%	2025 年度目標
三菱 UFJ フィナンシャル・グループ	（金融）	7.5%	2021-23 年度目標

第7章

成長性分析

企業がどれだけ伸びているか，
不安定な成長をしていないか

　大企業の決算書に出てくる金額は，見たこともない何十億円とか，それどころか兆円単位の数字が並んでいます。財務分析は決算書から収集してデータベースを作り，加減乗除の計算をしていきますが，**計算の基本は増減率と百分率**ですから式自体は単純で，中学校で習ったような知識です。

　ところが，昔中学校の頃に筆算練習をしたようなことがあっても，増減率や百分率を結構忘れている大学生がちらほら見られますし，これだけ大きな金額の計算は初めてという声も聞かれます。下の表は増減率やROSの百分率の簡単な問題ですが，①，②，③の空欄を計算できますか？（答えは103頁にあります）

A 株式会社　最近 2 年間の業績

	2020 年 3 月期	2021 年 3 月期
売上高（百万円）	25,430	27,592
経常利益（百万円）	1,374	1,877
売上高 前期比（％）	106.9％	①
売上高 前期比増減率（％）	6.9％	②
ROS（売上高経常利益率，％）	5.4％	③

32 成長性分析とは

　成長性分析とは，売上高や総資産のような企業規模がどの程度変化しているかを分析することで，一定期間の規模の成長度合いを測定するものです。

　会社は株主などの**利害関係者**の期待にこたえるべく利益拡大を目標にしている組織といえますが，利益を拡大させる方法は，利益率を上げる方法と，売上規模を増やす方法があります。利益率を上げるには製品の単価を上げるかコストを下げるかですが，どちらも簡単ではありません。一方，売上規模の拡大は（採算が赤字でなければ）そのまま利益増につながり，売上の拡大が続けばたいていの会社は士気が向上し活性化します。そうした意味から成長性は利益の増加だけでなく会社全体の成長に直結する重要な指標です。

　成長性分析では，以下の項目を主な対象にしています。

(1) 売上の成長

　　(例) 売上高前年比増減率，売上高増減率5年平均

(2) 利益の成長

　　(例) 経常利益前年比増減率，経常利益増減率5年平均

(3) 投資の成長

　　(例) 研究開発費前年比増減率，売上高研究開発費率

(4) 企業価値の成長

　　(例) 株式時価総額の増減率

■成長している企業は，費用も投資も増えている

　企業の発展は，まずは売上の伸びで把握できます。売上が横ばい

とか売上が減少している企業に成長性を感じることは無理でしょう。また売上と共に利益の成長が実現していないと，バランスの取れた成長は難しいでしょう。さらには将来の投資が増加しているかという観点も成長性を評価するうえでポイントとなります。

　成長している企業は，下の（1）売上の増加 → （2）利益の増加 → （3）投資の増加 → （4）費用の増加のサイクルがうまく機能して，売上が拡大した後も投資や費用を増加させて規模を拡大し，次の時期にはさらに売上を増やしていくというサイクルです。成長性の高い企業は単に売上が増えているだけでなく，損益計算書とバランスシート全体の項目が増え，全体の企業規模が拡大しています。

（1）売上の増加：会社の売上規模が拡大する。
（2）利益の増加：会社の最終的な利益が増加する。
（3）投資の増加：拡大するために設備投資や研究開発を増やす。
（4）費用の増加：拡大するために従業員や経費を増やす。

■成長性を見る時に注意すべき点

　1カ月や四半期のような短期間では企業の売上も利益も増えたり減ったり変動していますから，成長性を見るには1年以上の時間軸で見る必要があります。決算では前年と比較することが多いのですが，売上高の変化を見る際には以下のような臨時的な変化に注意し，成長性を見る際にはそれらを除いて考える必要があります。
（1）決算期の変更，会計方針の変更：変更は売上高や利益の増減に大きな影響がある。
（2）M&Aなどの経営統合，連結対象会社の変更：事業の業績に変化がなくても，会社の業績に大きな影響がある。

33 成長性と企業評価

　企業の成長は良いこと。それは当たり前と思うでしょう。企業が成長すれば利益も増えて給料も増えていく。設備も拡大し組織も大きくなるから社内の雰囲気が明るく活発になるでしょう。しかし現実は成長性が高ければ万事うまく行くというものではありません。急激な成長は問題をもたらします。たとえば，急激な売上の成長に伴って借入金を増やさなければ資金が足りなくなることもあれば，債権回収が追いつかないと資金繰りの危機に陥る場合があります。あるいは社員の教育が追い付かず業務が混乱してしまうとか，製品サービスの品質が低下して顧客の満足度が下がってしまうとなると深刻な問題になります。企業が事業全体をマネジメントできるような「バランスのとれた成長」が重要です。

　また，**利害関係者**によって企業に求めるものが成長であったり安定であったりと期待が異なります。投資家は将来の株価上昇を期待しますので成長性を重視しますが，資金を貸し付けている銀行は契約通りの返済が重要ですので安定性を重視します。

　普通の企業で売上を2割や3割も増やすのはとても難しいことです。トヨタ自動車やNTTのような企業が売上を3割増やすには数兆円必要です。しかし，逆に売上がほとんどないベンチャー企業が新製品を作って市場でヒットすれば，売上高はすぐに数倍になるでしょう。**成長性は企業規模によって大きく異なる**ので，企業規模に応じて使い分けが必要です。

■高成長企業は投資家の評価が高い

　株式を上場した後もさらに発展している会社もあります。ユニクロとジーユーを展開する（株）ファーストリテイリングや楽天グループ（株），あるいは Yahoo! ジャパンと LINE を運営する Z ホールディングス（株）は，株式公開後も大きく成長し売上高が 1 兆円を超えています。また，世界のトップクラスのグローバル企業は今でも高い成長を続けています。Amazon.com は 2010 年から 2020 年までの過去 10 年間で売上が 11.3 倍になり，年平均 29％の成長をとげています（下表）。

　高い成長を実現する企業は，1 株当たり利益の増加をもたらし，今後さらに成長するのではという期待が高まります。高成長企業はこうした**業績の成長と期待によって株価が上昇**します。下表のように，Amazon.com は過去 10 年間で売上が 11.3 倍になりましたが，株価も 18 倍になっています。日本で成長企業とされるファーストリテイリングの売上高は 10 年で 2.5 倍，株価は 7.5 倍です。

　このように成長性が高い企業，あるいは今後成長の可能性があると判断された企業は高い株価で取引されています。まだ売上も利益も出していない**ベンチャー企業**であっても，投資家が上場会社になるまで成長すると見込めば，リスクはあっても期待を優先させて株式を購入することがあります。こうして安全度の低いベンチャー企業であっても，株式を発行することによって多額の資金調達が可能になるのです。

3 社の年間売上高と株価（2010 年を 100 とした指数）

（西暦）	トヨタ自動車		ファーストリテイリング		Amazon.com	
	売上高	株価	売上高	株価	売上高	株価
2010 年	100	100	100	100	100	100
2015 年	150	212	206	322	313	376
2020 年	143	215	247	752	1,129	1,809

（注）株価は各年末の終値を使用。

$\boxed{34}$ GAFAM を分析する

　ここでは，具体的に会社の収益性と成長性を測定してみましょう。GAFAM と呼ばれるグローバル企業5社を取り上げます。**GAFAM** は，Google（現在の社名は Alphabet），Apple，Facebook（現在は Meta Platforms），Amazon.com，Microsoft の各社の頭文字を取った通称で，世界的な影響力を持った IT 企業です。これまで解説した収益性や成長性の指標を使って5社の財務分析をしてみましょう。

　アメリカ企業であっても企業情報の入手はそれほど難しくありません。専門家向けの海外企業財務データベースを利用する方法もありますが，一般人であればインターネットの **Yahoo! Finance** で GAFAM を検索し，各社のページで Financial の項目をクリックすれば，Income Statement（損益計算書）と Balance Sheet（貸借対照表）の主要項目の数値が4年間分記載されているページにたどり着きます。各社の財務情報の数値を抜き出して，エクセルで ROE，ROS，総資産回転率，自己資本比率を計算します。

　次頁の表が分析結果ですが，驚くような数値が並んでいます。

(1) 抜群の収益性：2021年の各社の指標をみると，ROE は軒並み30％以上で，アップルの ROE はなんと150％です。同時期の2021年3月決算の日本企業をみれば，ソニーG(株) が24.1％，(株)ファーストリテイリングが16.4％，トヨタ自動車(株) の ROE が10.2％です。3社とも立派な会社ですが GAFAM と比べれば格段に劣ってみえます。

(2) 高い成長力：テック・ジャイアンツと呼ばれるほど巨大な企業になっていますが，GAFAM は直近3年間の収益伸び率はき

わめて高く，Amazon や Facebook は収益が倍増しています。ソニー G の収益伸び率と比較すればすごさがわかるでしょう。

(3) 自己資本比率が高いわけではない：巨大な利益を出し続けているのだから自己資本に積みあがっているはずと思えば，Apple の 2021 年の自己資本比率は 18％，Meta Platforms や Alphabet は高いですが Amazon や Microsoft は意外に高くありません。5 社のような高収益企業でも自己資本比率向上とは違った施策を取っていることがわかります。専門的なことになりますが，Apple の財務面の戦略は巨額の自社株買いに特徴があります。自社株買いとは，上場会社が自らの資金を使って株式市場から自社の株式を買い戻すことです[15]。Apple は多額の自社株買いと配当実施という株主への利益還元策によって株価が上昇し，2022 年 1 月には世界の上場企業で初めて株式時価総額が 3 兆ドルを突破しています。

企業分析を初めて学ぶ人でも短時間で会社の特徴が把握できるのです。自分が関心のある企業の情報源にアクセスして財務分析を試みてください。

GAFAM の財務指標の推移

(決算期)	Apple 21年9月期	Amazon 21年12月期	Microsoft 21年6月期	Meta 21年12月期	Alphabet 21年12月期	ソニー G 21年3月期
収益（億ドル）	3,658	4,698	1,681	1,179	2,576	783
当期純利益（億ドル）	947	334	613	394	760	102
総資産（億ドル）	3,510	4,698	3,338	1,179	2,576	2,292
自己資本（億ドル）	631	334	1,420	394	760	485
直近 3 年間の収益増加率	37.7%	101.7%	52.3%	111.2%	88.3%	5.3%
ROE	150.1%	24.1%	43.2%	31.5%	30.2%	24.2%
ROS	25.9%	7.1%	36.5%	33.4%	29.5%	13.0%
総資本回転率（回）	1.042	1.117	0.504	0.710	0.717	0.341
自己資本比率	18.0%	32.9%	42.5%	75.2%	70.0%	21.2%

(注) 各社の財務諸表から計算。ROE ＝当期純利益／自己資本，ROS ＝当期純利益／収益，総資本回転率＝収益／期末総資本で計算。ソニー G は 1 ドル＝ 115 円でドル換算。

第8章

安全性分析

▶第8章　安全性分析

安全性とは事業が継続できる力
将来のお金の出入りに目を配る

　安全性分析は銀行の貸付審査で最も重要視されています。「この会社，貸して大丈夫か？」を判断するのですから，銀行の企業分析の目的は危険な企業への融資を避けることです。安全性が低ければ融資対象になりません。こうした融資審査の長い歴史から，安全性分析ではいろいろな手法が開発されています。本章では安全性分析の基本を，短期的な安全性（支払能力）と長期的な安全性（財務の健全性）に分けて解説します。

　Cash is King（現金は王様）は，欧米のビジネスでよく使われる言葉です。現金の重要性はどこの世界でも同じです。事業が頓挫する原因のほとんどが「支払いができないこと＝現預金の不足」ですので，企業が安全に事業を継続できるかは**現預金**（cash）が重要な役割を果たします。安全性分析で使う指標はこの現預金がキーになっています。

```
★93頁の設問の解答
①108.5%　　②8.5%　　③6.8%
```

35 短期的な安全性：支払能力

　現代の企業は「事業を継続する前提」で運営されています。近世ヨーロッパの貿易事業では1回の航海のために会社を設立し航海が終われば会社を解散しました。しかし，現在の会社は，株主も経営者も従業員も金融機関も，会社の事業が（永遠とはいわないまでも）ずっと継続されることを前提として活動しています。このような永続性の前提は英語で**ゴーイング・コンサーン**（going concern）と呼ばれます。企業＝当然継続されていくものという前提があるのであれば，企業経営においては「事業を継続できる力」が重要です。これが企業の安全性であり，ファンダメンタル分析の中で最も重要とされることが多い要素です。

　企業の安全性はどのように測るのでしょうか。先ほど説明したように，事業が継続できる力はあるかという観点から，資金の調達，運用，返済を円滑に行っているかどうかを分析します。

> 安全性＝事業を継続できる力
> ・資金の調達，運用，返済は円滑か
> ・事業継続に不安な要素はないか
> ・将来の支払いに不安はないか

■短期的な安全性の指標

　短期の安全性とは近い将来，具体的には1年以内に事業が継続できなくなるかどうかをみることです。この分析では**手元資金**（いつでも支払いに使えるお金のこと。現金や普通預金など。）の多寡が重視さ

れます。短期の安全性を分析する際のポピュラーな指標である「流
動比率」「当座比率」を取り上げましょう。

■流動比率

流動比率は，「お金を受け取ることができる資産と，お金を払わ
なければならない負債のバランス」をみる指標です。具体的には，
1年以内に入ってくる予定の資産（＝流動資産）と，1年以内に返済
すべき負債（＝流動負債）の比率で，計算式は以下のとおりです。

$$流動比率 = \frac{流動資産}{流動負債} \begin{array}{l} \leftarrow 1年以内に入ってくる予定の金額 \\ \leftarrow 1年以内に支払う予定の金額 \end{array}$$

流動比率が高ければ短期的な支払いを行いやすく，低いと短期
支払いのための資金の手当てが必要になりやすい傾向があります。
流動比率は200％以上であれば短期の安全性は高いと判断され，
100％を割っていると危険信号を発しているといえます。

■当座比率

当座比率は，「今すぐに現金化できる流動資産」を分子にした指
標です。

$$当座比率 = \frac{当座資産}{流動負債} \begin{array}{l} \leftarrow 今すぐに現金化できる流動資産 \\ \leftarrow 1年以内に支払う予定の金額 \end{array}$$

当座資産とは流動資産のうち換金が容易なもので，現金，預金，
受取手形，売掛金，短期貸付金，未収入金を指します。1年以内に
支払う借金である流動負債を上回る当座資産を持っていれば，いつ
支払いが生じても困りません。当座比率が100％を超えていれば安
全性は確保されていると言えるでしょう。

■手元流動性

短期の安全性を測るもう1つの指標として手元流動性がありま

す。**手元流動性**は当座資産とよく似た言葉ですが，現金，預金，有価証券（償還期限もしくは売却期限が1年以内を予定しているもの）の合計額を指しています。

$$手元流動性＝現金＋預金＋（1年以内に換金できる）有価証券$$

　企業がすぐに使える現金，すぐに現金化できる資産の割合をみれば，短期の支払能力を分析できます。この手元流動性を月商（1カ月の売上代金）で割った数値は手元流動性比率と呼ばれ，短期の支払能力の分析に使われています。

$$手元流動性比率＝\frac{手元流動性}{月商（年間売上高÷12）}$$

　では手元流動性比率はどの程度にすべきか。手元流動性比率は，一般的に月商の1.5カ月分程度を確保していれば安全性があると判断されています。日本企業の手元流動性比率は全産業平均では月商比で1.9カ月，年間売上高の15.8％です[16]。

　手元流動性比率は高ければ高いほど良いわけではありません。確かに手元流動性が多い会社は安全性が高いと言えますが，裏を返せば事業に使う当てのない多額の資金を寝かせていると解釈することもできます。そうなると，外部からは資産の効率性が低いと評価され，株主からは「社内で使わない資金があるなら，株主に配当などで報いるべきだ」という要求が出る可能性もあります。実際の企業経営では，安全性を確保しつつ，余裕のある資金を有効活用して利益を増やすための投資をするバランスが重要です。

[36] 長期的な安全性：財務の健全性

　次に長期の安全性の指標について解説しましょう。この場合の長期とは1年を超えて3年位と考えてください。企業は約束した期日までに支払いができなければ事業が継続できなくなります。そのような負債（＝将来企業から出ていくお金）の割合に着目して，会社が健全な財務状態にあるかを以下の指標を使って測ります。

■自己資本比率

$$自己資本比率 = \frac{自己資本}{総資産（総資本）}$$

　自己資本比率は，企業が使っている総資産における自己資本（＝今後返済等で外に出ていく予定のないもの）の割合です。負債は返済しなければなりませんが，企業のもう1つの主要な資金調達源である株式は返済する義務がありません。契約で定められた利息もありません。したがって，事業の継続性という視点から見た場合には，負債ではなく株式で資金調達した方が安全性は高まります。自己資本比率が高ければ，企業という家の土台がしっかりと安定しており経営破綻の可能性が低いことを意味します。逆に自己資本比率が低い企業は経営が不安定と考えられます。

　次頁の表のように，日本企業の自己資本比率は全産業平均で約40％です。大まかな目安とすれば，自己資本比率30％以上：安定，50％以上：安定性優良，70％以上：安定性きわめて優良，と判断できます。経営の安定性を図るには50〜60％の自己資本比率を目指すのが妥当といえるでしょう。しかし，**未上場企業の場合は自己資**

本比率を充実させることはなかなか難しいのです。多数の株主から資金を集め資本金等の自己資本を充実できる上場企業とは異なり，未上場企業は経営者や一部の関係者だけが出資して経営していますから，自己資本を厚くするには利益を増やすか関係者が出資をするしかありません。したがって事業を拡大するには金融機関からの借入金による資金調達が中心となります。このことから，未公開企業は上場企業に比べて自己資本比率が低く負債比率が高いという特徴があり，安全性が低いと評価されます。中小企業が銀行借入に苦労するのはこの安全性の低さが主因です。

日本企業の自己資本比率

	全産業計	製造業	非製造業	全産業・資本金別			
				1,000万円未満	1,000万円～1億円	1億円～10億円	10億円以上
自己資本比率	40.7%	48.8%	37.7%	17.9%	41.4%	42.2%	43.1%

（出所）財務省「法人企業統計調査（令和２年度）」。

■**負債比率**（英語では D/E レシオという）

$$負債比率（D/E レシオ）= \frac{負債}{自己資本}$$

　負債比率は自己資本に対する返済義務のある負債の割合を示しており，自己資本比率とは反比例の関係にあります。

　すぐれた企業は負債と自己資本のバランスに留意しながら経営を行っています。通常，自己資本だけで事業を行うことは難しく，借入などの外部資金を調達して事業を拡大させています。負債比率を引き下げようと負債だけを削減することは，企業活動の縮小につながりやすくなります。

　また，負債比率と似た指標ですが，借入金依存度も多用されます。借入金依存度は総資産に占める借入金の比率です。借入金依存度が

高くなればなるほど，借入金返済の負担が増加し資金繰りに悪影響
が出るリスクが高まります。

$$借入金依存度 = \frac{短期借入金+長期借入金+受取手形割引高}{総資産}$$

■その他の安全性の指標

　安全性分析は金融機関にとっては重要ですから多様な分析手法が
発達していますが，以下で重要なものを解説します。金融機関が融
資審査で重視するのは会計期間における現金の増減を示す**キャッシュ・フロー**で，**資金収支**とも呼ばれます。金融機関が未上場の中小
企業の審査を行う際には，キャッシュ・フローを見るために**資金移動表**を作成して資金繰りの状況を分析し，また資金の出入りを細か
い部分までチェックすることで不明朗な動きや粉飾のような決算操
作を見破ることもあります。

　インタレスト・カバレッジ・レシオは会社の借入金等の利息の支
払い能力を測るための指標で，年間の事業利益が金融費用の何倍で
あるかを示しています。この指標は金利負担能力がどのくらいある
のかを示しており，倍率が高いほど金利負担の支払能力が高く財務
的に余裕があるとされます。

$$インタレスト・カバレッジ・レシオ = \frac{営業利益+受取利息+受取配当金}{支払利息+割引料}$$

第9章

効率性分析

▶第9章　効率性分析

企業の効率性は競争力に
つながる

　毎日活発に活動してフル稼働している会社は，従業員は忙しくて
大変でしょう。しかし，会社全体でみると活動量が多いだけに効率
が良いのだろうと思われます。逆に大人数の営業スタッフが在籍し
ているのに営業活動がうまく機能していなかったり，工場や設備が
使われずに遊休化していたりする会社は効率性が悪化している可能
性が高いでしょう。そういった効率性の高低は，収益性や成長性の
変化につながります。また，競争力が強い企業は効率性が高い企業
ですから，競争力の重要な指標にもなります。

　企業は，事業のリスクに備えつつ（安全性），売上を増やし（成長
性），利益を拡大させようとします（収益性）。これらの目標を同時
に達成するには，企業が「保有する資産を効率的に活用する」とい
う経営効率が重要な課題です。

37 効率性分析の指標

　さまざまな経営資源をうまく活用する企業は生産性が高いといえます。この生産性は企業における経営効率の重要な要素であり，経営効率を分析することを効率性分析と呼んでいます。

■資産全体の効率をみる

　保有する資産を効率的に活用する観点から，「総資本に対してどれだけの売上高を確保したか」という力をみる指標を**総資本回転率**といいます。通常，総資本回転率は他の比率表示のような百分率は使わず，「売上高の○回分」という回数で表示します[17]。

$$総資本回転率 = \frac{売上高}{総資本 \ (期末と期首の平均)}$$

　総資本回転率が高いほど，資産をうまく使って売上をあげていることになります。一方，総資産回転率が低い企業は，保有資産を収益につなげていないという評価になります。総資本回転率を上げるためには，（1）分子の売上を増やすか，（2）分母の総資産を減らす，という2通りの策があります。企業は（1）のように売上を増やそうとするのは当然ですが，一方で（2）のように使わない資産をできるだけ減らす（＝在庫を減らす，売上債権を減らす，固定資産を減らす）努力によって総資本回転率が向上します。

■在庫の効率をみる

　企業が保有する資産には多くの種類がありますが，「在庫」にあたる棚卸資産の残高に対してどれだけの売上高を確保したかという

力をみる指標を**棚卸資産回転率**といいます。

　棚卸資産回転率も売上高の○回分という回数で表示します。棚卸資産は企業が購入したものであり，棚卸資産を少なくして売上をあげる企業（＝棚卸資産回転率が高い企業）は効率性が高いと評価できます。

$$棚卸資産回転率 = \frac{売上高}{棚卸資産（期末と期首の平均）}$$

■固定資産の効率をみる

　棚卸資産回転率と同じやり方で，固定資産の残高に対してどれだけの売上高を確保したかという力をみる方法が**固定資産回転率**です。土地建物，機械装置，長期的に保有する投資資産が主な固定資産です。通常，固定資産は，購入してから事業の売上によって投資資金を回収するためには長期間を要します。したがって，固定資産回転率は固定資産が円滑に稼働しているか，それとも効率が悪く売上につながっていないかをみる指標として有効です。

$$固定資産回転率 = \frac{売上高}{固定資産（期末と期首の平均）}$$

■事業構造によって回転率は異なる

　しかし，総資産回転率だけで効率性を測るべきではありません。産業や事業構造によって総資産と売上の構成は異なります。設備集約的な産業やグローバルな事業展開を行う大企業は，保有資産が大きいために総資本回転率が低い一方，卸売業・小売業・建設業は少ない資産で売上を稼ぐ構造にあるために総資本回転率が高い傾向にあります。日本企業の総資本回転率は全産業平均で0.83回ですが，卸売業1.77回，小売業1.53回と高い一方，固定資産を保有する不動産業の総資本回転率は0.25回です（出所：財務省「令和元年度法人

企業統計」)。

　下の表は日本企業を産業別に分けて，総資本回転率，棚卸資産回転率，固定資産回転率をみたものです。それぞれの回転率の指標は産業によってかなり違っています。先ほどの説明のように少ない資産で売上を稼ぐ回転率の良いビジネスは卸売，小売，建設業ですが，多額の資産を保有して事業を行う不動産や電力業は回転率が低いことがわかります。

日本企業の回転率の指標

	全産業	製造業	食料品	繊維	化学	鉄鋼	金属製品	電気機械器具	輸送用機械器具
総資本回転率	0.83	0.83	1.17	0.66	0.57	0.79	0.84	0.75	0.99
棚卸資産回転率	11.5	16.7	12.7	28.3	24.8	28.9	14.4	17.0	9.1
有形固定資産回転率	3.25	3.9	3.56	2.62	3.56	2.49	2.99	4.95	5.46

	非製造業	建設業	電力業	情報通信業	陸運業	卸売業	小売業	不動産業	サービス業
総資本回転率	0.83	1.27	0.51	0.80	0.65	1.77	1.53	0.25	0.47
棚卸資産回転率	9.7	12.0	3.6	4.0	1.4	8.5	11.4	46.0	3.2
有形固定資産回転率	3.06	6.75	1.01	3.79	1.18	12.17	4.81	0.47	3.16

（出所）財務省「法人企業統計年報（令和元年度）」。数値は令和元年度時点。数値の単位：回（対年間売上高）。

■現金商売は効率が良い

　『当店はクレジットカードは使用できません』という飲食店がありますが，なぜカードを拒否するのでしょうか。クレジットカード会社がお店から手数料を取ることも理由の１つですが，現金のみの取引にすれば売掛金がなくなり資本の回転率が高くなるからです。

　このようにお客に後払いをさせず現金払いの取引で効率性を上げるという経営手法は，江戸時代の商人が考え出しました。

　百貨店の三越は，三井高利が1673年に江戸に開いた呉服店「越後屋」に始まります。当時の江戸では掛売りが商売の基本で，販売時に代金は受け取らず，盆と暮（8月と12月）に客先へ代金をもらいに行くという慣行でした。これに対し三井は代金を後で受け取ることを止めてすべて現金払いと決め，店内に『現金掛値なし』という看板を掲げて徹底させました。この経営手法を使うことにより，回収に時間やコストがかかる売掛金ではなく現金払いですぐに代金を回収するようになった結果，総資本回転率を高めた効率経営が実現し，豪商三井の発展の基礎が築かれたのです。

■効率性分析の課題

　以上のように回転率のような指標を使って効率性を考察することは有効なのですが，限界もあります。

　第一に，財務分析は財務諸表という会社全体の情報を使った分析ですから，特定の事業や製品・サービスの効率性はわかりません（ただし会社内部であれば部門別や製品別の財務情報を入手できるので分析可能です）。生産性や効率性となると，具体的にどこの事業やどの工場が高いのか低いかという関心になります。会社全体の効率性は測定できても，ユニクロ事業の効率性とか，ホンダの埼玉工場の生産性を測ることはできないということです。したがって生産性や競争力を探るには他の企業情報を模索することになります。

　第二に，回転率のような効率性の指標は，高ければそれで解決とはなりにくいのが現実です。過去より回転率が上がっているのならその原因を探すこと，他社より回転率が低いのであれば理由を追求すること。数字ではなく具体的な要因を探すことが重要になってきます。

第10章

比較と表現

▶第10章 比較と表現

比較を行い，結果をわかりやすく伝える意識が重要

　企業の特性に絶対はありません。かならず何かと比較した指標となっているはずです。この会社の製品は絶対的に良いものだとか，この会社の収益率は絶対的に高いとは言いませんよね。他社と比較して良い製品だとか，３年前に比較して収益率が向上しているという表現が正しいものです。要するに，企業研究で調べることは何かと比較した相対的なことですから，比較を意識しながら調べてほしいと思います。

　もう１つ意識してほしいのは，企業分析によって得た情報をわかりやすく伝えることです。大学生が言いたいことを強調するために見た目に気をつかった経験はあまりないと思います。コミュニケーションやプレゼンテーションという言葉のように，実社会では結果を関係者にわかりやすく説明すること，自分の意見に同意するように努力することが大切です。そのためにも読み手の立場にたった丁寧な作業をしてください。「ひと目でわかるようにする」ことがベスト。これは本書にも当てはまることですが・・。

38 企業分析の基本動作は比較

これまで解説してきましたように，財務分析では，収益性（儲けているか），成長性（伸びているか），安全性（つぶれる危険はないか），効率性（資産をうまく使っているか）という**ファンダメンタル分析**の観点から企業評価につながる情報が得られます。利益率や自己資本比率や回転率は，誰でも手法を学び財務諸表からデータを収集すれば数値を計算できるし，その結果に個人的な主観が入ることはないので解釈のブレも少なくなります。

しかし，企業分析は財務分析だけで完成する，ということは少ないのです。財務分析は，(1) 経営状況の全体的な特徴を把握することができ，そして (2) 具体的な企業分析の切り口を見つけることができるものです。「財務分析から次の分析につなげる」という考えが重要です。

企業分析は，経済社会や企業全体という総体的なものではなく，一社一社を考察し結論をみつける作業です。具体的にいえば，この会社は何をしているのか，どのような特徴があるのか，誰が働いているのか，事業は儲かっているのか，売上は伸びているのか，長所や弱点はどこにあるのか，というように企業を考察していきます。その結論は『前より良くなったか，前より悪くなったか，他社より優れているか，他社より劣っているか』という比較要素が多くを占めています。『この会社は比べるまでもなくとにかく良い会社だ』などと説明されたら首をかしげるでしょう。

したがって，以下の時点比較，事業比較，他社比較のように**経営分析の基本動作は比較**にあります。比較手法は，数値の比較を行い

つつ，背景や要因を分析することが重要です。

　（1）同一企業における比較

　　（例）前年比較，5 年前との時点比較

　　（例）他の指標との比較（ROE と自己資本比率の比較）

　（2）同一企業における事業比較

　　（例）ファーストリテイリングにおけるユニクロ事業とジー
　　　　ユー事業の比較

　　（例）ディズニーにおける Media 事業と Park 事業の比較

　（3）他社比較

　　（例）キリン HD とアサヒグループ HD の会社比較

　　（例）企業ランキング

　企業を分析するには，まずは概要，沿革，事業構成，製品サービ
ス，そして決算書といった企業情報を収集し，財務分析を使って比
較を使いながら検討します。その結果から，対象企業のどこが優れ
ているか劣っているか，課題は何か，注力すべき事業は何かといっ
た考察を行っていきます。こうした分析のプロセスを想定しながら
情報を収集し分析に取り組んでいただきたいと思います。

企業分析のプロセスを知る

■経営／企業の基礎知識

■企業情報の収集，整理
　・会社の概要を知る（業種，属性，会社概要，沿革，事業内容，社長メッセージ，
　　企業グループ，採用情報）
　・会社の調べ方を知る（企業情報はどこにあるか，どの情報源を使うか）

■企業分析作業
　・財務分析
　・定性分析
　・比較（過去，他事業，他社との比較）
　・特徴，課題，リスクの把握
　・評価

39 わかりやすい図表を作る

　企業研究は大量の企業情報と財務諸表を取り扱いますが，その分析結果が複雑であるために説明する相手に難解と受けとられることがあります。とっつきにくさをなくして相手にしっかり伝えるには，結果を図表によって「ひと目でわかるようにする」ことが重要です。見た目を大事にして丁寧な資料を作ることを心がけて下さい。

■時点比較に適した数値と図表

　以下のような基本的なデータ処理はいつでもできるように再確認してください。

　（1）前期比＝今期の数値÷前期の数値

　（2）前期比増減率＝（今期の数値−前期の数値）÷前期の数値

　（3）構成比＝対象となる数値÷全体の数値

　（4）指数＝対象となる数値÷基準時点の数値

　上の（1），（2）のような変化の度合いをグラフ化する場合は折れ線グラフが効果的です。一方，（3）のような構成比は百分率で表すことが多いので円グラフがよく使われています。

3社の売上高（単位：億円）

年	A社	B社	C社
2010	332	154	44
2011	361	166	50
2012	386	180	56
2013	405	188	59
2014	381	162	58
2015	400	171	61

↑　各社がどれだけ変化しているかわかりづらい

売上高指数（2010年基準）

年	A社	B社	C社
2010	100	100	100
2011	108.7	107.8	113.6
2012	116.3	116.9	127.3
2013	122	122.1	134.1
2014	114.8	105.2	131.8
2015	120.5	111	138.6

↑　各社の基準期からの変化がわかりやすい

　また，時点比較を行う時には指数化も有益です。**指数化**は基準時点を 100（または 1）と設定し，各時点の数値を基準時点の相対値である**指数**として表示する方法です。上の表の左側のように売上高をそのまま表示してしまうとどれだけ変化したかがわかりにくいですが，右側のように指数化によって基準を統一すると変化の度合いがすぐにわかります。

■企業内の比較に適した手法

　企業の中で他の事業と比較をする場合，以下のようなグラフが視覚的に有効です。

（1）金額や数量を比較する場合：棒グラフ

（2）比率を比較する場合：折れ線グラフ

（3）構成比を比較する場合：円グラフ

　一例をあげると，ディズニー（The Walt Disney Company）の事業別の売上構成比を比較する場合（上の（3）に該当します），百分率で計算されますから，円グラフを作成すると各部門の割合がイメージしやすいでしょう。

The Walt Disney Company の事業別の売上構成比（2021 年度）

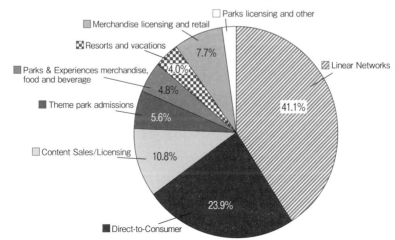

■他社比較に適した手法

(1) 単一項目を他社と比較する場合：折れ線グラフ，棒グラフ

　棒グラフは数値比較によく使われ，どれが他の項目より抜き出ているか，同じ程度であるかが一目で把握できます。折れ線グラフはあるデータが時間の推移によって，データの変化を表す代表的な図表の一種類です。データが時系列に沿ってどのように変化しているか傾向を大まかにつかむのに適しています。

(2) 複数の項目を他社と比較する場合：ポジショニングマップ

　ポジショニングマップ（二次元マップとも呼ばれます）は，市場における各商品の特徴（ポジション）を，縦軸と横軸の2次元の座標によって表現したもので，市場の状況や各商品の関係性をひと目で把握できます。ポジショニングマップは，各社のマーケティングや経営戦略を比較する場合に使われることが多いチャートです。

(3) 他社と総合比較をする場合：レーダーチャート

　レーダーチャートは，一般的に5種類以上のデータから特性を見る時に使われます。レーダーチャートは項目の数に合った正多角形の形をしており，各頂点をそれぞれの項目に対応させ，中心と各頂点を線分で結び，中心をゼロとして目盛りが定められています。値が大きいほど外に広がり，小さいほど中心に集束します。

(4) 多数の会社を量的に比較する場合：ツリーマップ

　ツリーマップは，項目内の割合を比較するのに便利です。大きな長方形の中に入った小さな長方形を使用して階層データが表示されます。ツリーのブランチは長方形で表され，各サブブランチはより小さい長方形で示されます。

レーダーチャートの例（経営指標の比較）

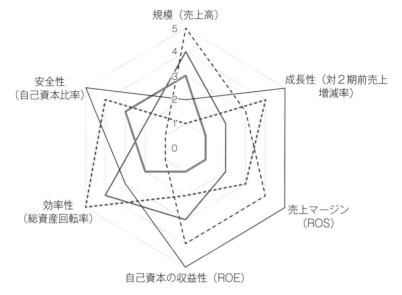

ツリーマップの例（自動車メーカーの売上規模比較，2018 年）

日本			ドイツ		アメリカ		中国				
トヨタ			フォルクスワーゲン			GM	上海				
								BYD	吉利	長城	長安
	日産				フォード	テスラ					
					フランス	韓国	オランダ				
	スズキ	SUBARU			PSA	現代	ステランティス				
							印				
ホンダ	マツダ	三菱	ダイムラー	BMW	ルノー	起亜	タタ・モータース				

第11章

定性分析

▶第11章 定性分析

企業分析は財務分析だけではない
多方面から情報収集する定性分析も重要

　企業分析は，ほとんどが経営学部や商学部で教えられている科目です。カリキュラムによって，最初に会計の基礎である簿記と財務諸表の授業を受け，財務会計や企業財務のような基本科目を学び，それから企業分析のような応用科目といった順番で学ぶ人が大半でしょう。ですから，企業分析はこれまで習った財務諸表を使って分析すると思って履修選択するのではと思います。

　「財務諸表分析」の講義なら財務分析だけをテーマにした講義ですが，企業分析は決算書だけで企業をみるものではありません。決算書は外部から企業分析をするためにはきわめて重要な情報源ですが，企業を財務分析だけで判断しようとすると，決算書の数字にとらわれてその企業の本質を捉えられないこともあります。これは『木を見て森を見ず』の一例でしょう。企業分析のプロである証券アナリストは，調査活動の８割が定性分析だという人もいます。決算資料を静かに読み込むだけではなく，企業の情報を多方面から収集し，過去現在今後という動態的な時間軸によって定性分析に取り組むと企業を見る目が大きく変わります。

40 定性分析の特徴

　数値以外の経営情報を用いた分析が**定性分析**です。

　企業を調べるためには，財務諸表に記載されている売上高や利益のような数値を使った方がわかりやすくて説得力がありますが，企業の情報のほとんどはこうした定性的なものであって，数値以外を使った定性分析は定量分析と同じように重要です。たとえば，会社の経営戦略や具体的な方針は，上場会社であれば有価証券報告書という公表資料に記載されていますが，数字で表されている情報はごく一部です。会社の長所や課題を数字で表すのは難しいし，会社の技術力や経営者の経営力を数字で示すのはほとんど不可能でしょう。したがって数字以外の情報によって定性的に分析していくことになります。

　定量分析には限界があります。第一に公表された金額や数値は過去の情報であり経営の結果です。また，決算書の情報が真実か，実態を示しているか，という視点も必要です。第二に，財務諸表の数字だけではなく，さまざまな情報を集めることが重要です。経営環境，投資活動，事業状況の説明，経営課題や経営リスクのような数字ではない定性情報によって経営活動の進行を把握することも大事なのです。第三に，企業内部を考察するだけではなく，企業の競争状態，市場業界の状態，マクロ経済や消費者動向などを含んだ総合的な分析が必要です。

■定性情報の例

　主な定性情報について以下の表でまとめてみましょう。多種類の

大量の情報で閉口してしまうかもしれません。第1章と第2章で解説したように，会社のホームページや有価証券報告書から多くの企業情報が入手できますが，表にあるような定性情報がすべて記載されているわけではありません。**定性情報は公表資料に載っていない情報が多い**のです。

定性情報の例

(1) 企業に属するもの
・経営者の性格・資質，業界経験・知識
・株主の構成，株主の特徴
・組織の特性
・従業員の資質（年齢構成，仕事キャリア，能力開発）
・沿革（伝統，顧客・従業員・社会との長年の関係）
・信用（製品サービスへの信用）
・ブランド力（製品商品の認知度，人気）
・技術力・開発力（保有技術，従業員の力）
・グローバル性（海外事業比率，海外展開力）
・リスク管理（事業承継，災害対応，大株主）
・SDGsへの対応（環境，社会貢献，ダイバーシティ，人権）

(2) 外部の関係者に属するもの
・外部関係者（会計士・監査法人，弁護士等）
・取引金融機関（銀行，証券等）
・主要な取引先（販売・仕入先等）
・企業や経営者の人脈ネットワーク

(3) 業界及び市場に関するもの
・業界の特徴（成長性，収益性，規模等）
・市場環境（規制，参入障壁，海外市場等）

■定性分析はどのようなことを調べるか

　財務諸表に記載された数値は企業情報の一部であって，数値で表していない定性情報がずっと多いのです。財務分析は財務諸表をもとにした定量分析ですが，定性分析はそれ以外のさまざまな視点からの分析ですから，アプローチの仕方は財務分析よりずっと多く，

分析の対象も財務分析よりはるかに多いのです。財務分析は基本的に一社単位の分析ですが，定性分析は，事業部門，製品サービス，経営者，従業員，技術，顧客と分化することもあります。したがって，定性分析は「財務諸表の数字以外のさまざまな情報を使って分析すること」でもあるのです。ここで，定性分析の主な視点をリストアップしてみましょう。

定性分析の主な視点（例）

（1）歴史，発展：どのように生まれ発展したか

（2）業界構造：どのような特徴のある業界か

（3）地域展開：どこを軸に事業をしているか

（4）ビジネスモデル：何で稼いでいるか

（5）収益構造：稼ぐ力，成長できる力

（6）事業環境：他社比較，SWOT分析

（7）競合性，寡占度：競争は厳しいか

（8）戦略，ポジショニング：どういう立ち位置を取っているか

（9）グローバル展開：海外にどう展開しているか

（10）組織，グループ：組織の仕組み，子会社・関連会社

（11）経営者，同族企業：経営者，経営者一族の影響力

（12）社風，企業文化：経営者・社員の価値観や性格

（13）従業員の処遇：賃金等の処遇，働きやすさ

（14）ESG，社会共生：社会との協調，社会に貢献しているか

（15）企業統治：利害関係者の期待に応える組織になっているか

定性分析の視点は多岐にわたっていますが，これらは言わば，対象となる企業の特徴にあたります。上の（1）歴史，発展をみていけばその会社の歴史から特徴がみえてくるでしょう。もちろん，すべての項目を考える必要はなく，1つの項目だけをテーマに考察することも定性分析です。

　定性分析で調べる項目は幅広いテーマとなりますが，実際にビジネスでは企業のどういうところを評価しているのでしょうか。この評価は調べる側の立場や目的で異なりますが，企業に資金を貸し付ける銀行は返済能力という観点から定性的な経営力をチェックしています。以下はその例です。

銀行による企業の経営力のチェック項目（例）

・営業基盤は磐石なものか，主要な取引先はどこか？
・業界，地域での会社の占めるシェアはどうか？
・販売力や技術力は抜きんでているか？
・差別化商品を有しているか？
・組織や従業員の規律はきちんとしているか？
・経営理念を明確化し，社内への周知が徹底しているか？
・継続的な経営改善への取り組みがなされているか？
・後継者がいるのかどうか？
・質の高い財務諸表としていくための努力をしているか？
・銀行への情報開示がされているか？
・人材教育に積極的に取り組んでいるか？

■定性分析の評点化

　定性情報は数値化できない部分であり，受け止める人々の認識がそろわない可能性があります。このため定性分析では「分析結果を数値化して表現」する手法も使われます。

　例をあげると，従業員のコミュニケーションが円滑かどうかを通常の言葉で表わせば，「円滑である」とか「一部で意思疎通に問題がある」というような表現になります。定性分析では，この言語による評価を数値化して表現する**評点化**の方法をよく使います。上の例を使えば「従業員間のコミュニケーションが円滑かどうかを0〜10

の数値を使って表現する」作業が評点化です。面接内容や提出されたレポートを点数にすることも評点化であり，世の中で普通に使っている方法の１つです。

■金融機関の信用格付

　銀行などの金融機関は，融資先や融資候補先の企業に対して，定量分析と定性分析の双方を行って，融資可能性に関する格付を設定しています[18]。簡単にいえば融資できるかどうかを評点化の結果で判断することです。このような評点を使った信用判断は，他にもクレジットカード会社の個人向け入会審査で活用されています。

　現在，世界各国の金融機関では融資先・融資候補先に対して信用格付を行う仕組み（＝信用格付制度）を整備しています。日本の金融機関が行う**信用格付**では，融資先・融資候補先の企業情報をもとに，定量評価，定性評価，実態評価の３種類の評価によって，企業を10段階程度に分類して信用格付を行います。そして決められた格付をもとにして，銀行は各企業を「正常先」「要注意先」「破綻懸念先」「実質破綻先」「破綻先」の５つの債務者区分のいずれかに分類します。５つの格付のうち，銀行から新規融資を受けられる可能性があるのは原則として正常先と要注意先のみであり，融資を求める企業はよりランクの高い格付を取得する必要があります。

■金融機関による評価作業

　信用格付の作業を次頁の図に示しましたが，「定量評価」「定性評価」「実態評価」の３つの評価によって決定されます。第一の定量評価は，対象企業の決算書をもとに，安全性，収益性，成長性（将来性），債務返済能力による評価基準によって10段階程度にランク分けします。実際の定量評価の作業は各金融機関で設計した財務スコアリングモデルのソフトウェアに決算書の数値を入力すれば自動

的に計算するように効率化されています。

　第二の定性評価は，決算書の数値では評価しにくいさまざまな項目（経営者の能力，企業の技術力，経営計画策定能力，営業顧客の基盤，市場の成長性や将来性，情報開示のレベルなど）を分析し，その結果を評点化します。

　三番目の実態評価は，定量評価や定性評価に該当しない融資返済に関する評価で，経営者の収入・個人資産・保証状況や関連企業の資産状況を査定します。最初の定性評価によるランク分けを，定性評価と実態評価を行った結果で修正して，最終的な信用格付を決定します。

金融機関の信用格付作業（例）

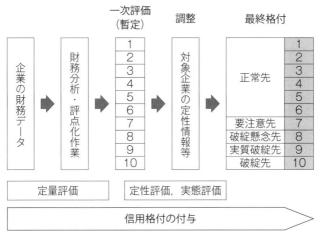

41 財務諸表に出ていない 企業価値

　定性分析は財務諸表で表されていない企業の価値を考えるプロセスでもあります。財務諸表に記載されている企業価値を**財務資本**，記載されていない価値を**非財務資本**と呼んで区分けする考え方があります。たとえば自動車メーカーでは設備，在庫，売上債権，現預金という**見える資産**は財務諸表のバランスシートに記載されており，売上やコストも損益計算書に記載されていますが，技術力やブランドのような**見えない資産**は財務諸表に載っていません。ところが21世紀の今日は，技術や人材，ブランドや顧客の信頼，働きやすい環境や会社の雰囲気といった「見えない資産」が企業の価値に大きな影響を及ぼす時代になっています。その例をアップル（Apple Inc.）で解説しましょう。アップルの企業価値を株式時価総額でみると①約2兆7,600億ドル，一方で株主の持分である純資産は②約630億ドル，つまり株式市場は純資産の38倍（①÷②）でアップルを評価しているわけです[19]。当社のブランド価値は世界一で4,000億ドルと評価されていますが[20]，このブランドや技術力，戦略力，システム力といった財務諸表に出ていない見えない資産がアップルの時価総額の大半を占めていると考えられるわけです。

　アメリカのコンサルタントであるリチャード・ボルトンらは，企業の保有する資産を，物的資産，金融資産という伝統的な資産に加えて，従業員／サプライヤー資産（＝組織資産），人的資産，顧客資産という見えない資産を活用した企業価値の創造を提案しています（出所は次頁の図を参照）。これらの5つの資産は「見える資産」と「見えない資産」に分けられますが，定量分析では「見える資産」すな

わち金融資産（現預金，売掛金，負債，投資，その他の資本など）と物
的資産（土地，建物，器具・備品，在庫など）を軸に分析します。一方，
定性分析は，「見えない資産」すなわち組織資産（企業で共有されて
いる組織全体としての力），人的資産（従業員の力。技術力，営業力，管
理力，全体的な活力），顧客資産（製品サービスを支持・購入する顧客が
どれだけいるか）を軸に分析します。

　見えない資産を軸にする定性分析は，定量分析よりも時間のかか
る難しい作業です。見えない資産が重要な例としてベンチャー企業
があげられます。事業開始前や立ち上げ後のベンチャー企業は，財
務諸表に載っている物的資産や金融資産の量や質で評価することは
不可能です。ベンチャー企業では，アイデア，技術，市場の将来性，
収益モデル，あるいは創業メンバーの資質が成功のために重要です
が，ベンチャー企業が作成するビジネスプランではこれらの未実現
の数値化されていない企業価値に重点をおいて表現しようとします。

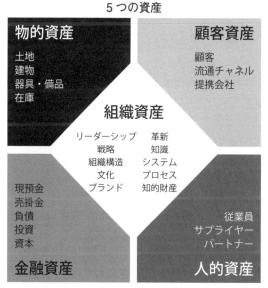

5 つの資産

（出所）三富正博「見えない資産経営」2017 年。
　　　　原典は，Boulton, Libert, Samek. (2000) "Craking the Value Code: How
　　　　Successful Businesses are Creating Wealth in the New Economy"

42 定性分析の問題点

　定性分析の視点は多岐にわたっていますが，1つのテーマについて，会計学，経営戦略，マーケティング，あるいは経済学で学んだ知識を使って考察していくと何か発見があるかもしれません。

　例をあげると，経営戦略で使う **SWOT分析**（自社の事業の状況を，強み，弱み，機会，脅威の4項目で整理・分析する手法）やマーケティングで習った**ポジショニング分析**（顧客分類，目標設定，差別化を使ったマーケティング手法）を使って1つの企業の現状を考えることは立派な定性分析です。対象企業が属する業界の企業数やマーケットシェア，競合状態や公的な規制といった産業構造から分析することも定性分析です。定量分析よりも定性分析の方が圧倒的に視点は広く多岐にわたっていますから，多種多様な関心について調べることができるでしょう。

　しかしながら，定性分析は問題点もあります。第一に，定性分析では物事をなかなか数値化しにくく，数字を使わない表現となりますが，そうなると抽象的になることで各人の認識がそろわない可能性があります。たとえば，社長の経営者としての力量や，従業員の専門性や技術力，製品が顧客からどれだけ信頼されているかといった評価に関係することは数字で表せません。第二に，定性分析では考察する項目が多岐にわたるので，分析が複雑になって時間を要し判断が難しくなります。特に大企業の分析ではそういった問題が発生します。

　このように，定性分析を使って対象企業を判断することは実際には簡単ではありません。企業分析は机上の理論ではなく社会で実際

に使う技術ですから，実際には時間がかかって判断が不可能ということでは困ります。そこで分析を実用的にするために，最初に財務諸表を入手して財務分析を使って方向性を決め，定性分析がそれを補完する手法が多く取り入れられています。先の第 40 節で述べた信用格付でも，最初に貸付先の企業に財務スコアリングモデルと呼ばれる財務分析を行ったのちに，決算書の数値では評価しにくい項目を定性分析し，その結果を評点化しています。

■**企業を知る上では経営課題，経営方針が重要**

　財務分析は数字で結果がはっきりわかることが長所ですが，企業を財務分析だけで判断しようとすると数字にとらわれて本質と将来性をつかめないことがあります。それを避けるためにも，数字以外のいろいろな企業情報を集めて，企業を的確にとらえてほしいと思いますが，どのようにすれば企業を的確に理解できるのか知りたいと思うでしょう。

　経営分析においては，判断・結論という方向性を見出す前に，「企業を理解する」ことが重要，これは当然でしょう。ではどうすればよいか。会社概要や事業概要を理解した後に**経営課題**と**経営方針**を知ると効率的です。企業の情報開示制度ではこれらを積極的に開示するように定められており，上場企業の有価証券報告書でも，第 2 章第 1 節で「経営方針，経営環境及び対処すべき課題等」という項目が設けられています。この例を（株）ファーストリテイリングでみると，有価証券報告書に以下のように書かれています。

対処すべき課題（2021 年 8 月期有価証券報告書より）

(1) 新型コロナウイルス感染症への取り組み，(2) サステナビリティ活動の推進，(3) 有明プロジェクトを推進，(4) E コマース事業を本業に，(5) LifeWear（究極の普段着）の進化，(6) 海外ユニクロ事業のさらなる拡大，(7) 国内ユニクロ事業のさらなる成長，(8) ジーユー事業の成長，(9)「グローバルワン・全員経営」による経営体制推進

第12章

社会性と企業統治

企業の社会活動は
どのように評価されているか

　SDGs，サステナビリティ，地域貢献という言葉は世の中に一般化しており，企業の社会活動も活発に行われているように思います。温室効果ガス削減，電気自動車の普及，海洋資源の保全のようなテーマは大企業であっても大きな負担になりますが，これらの社会的活動をどうやって評価していけばよいか，その判断基準や尺度を決めるのが難しいように思うでしょう。しかしそれを乗り越えていこうとする企業活動の社会的な部分を高く評価する取り組みが実行されています。本書では，企業の定性分析の一項目として社会性を取り上げました。

　逆に，もし企業が自己利益追求のあまり，社会的な害悪につながるような不祥事を引き起こすと，経営陣への厳しい非難，損害賠償要求，信用の失墜，ブランド価値の下落，従業員の士気の低下，株価の下落などが生じ，企業価値が大きく低下することになるでしょう。社会に向き合って社会と協調することは企業のリスク管理において重要な項目になっているのです。

43 企業の社会性とは

　企業とは私人による事業集団であり，法的に自由な経済活動が保証されています。その一方で，「企業は社会の公器」と呼ばれるように企業は公共の利益に沿った存在であるべきとする考え方が広く存在します。つまり企業活動においては，法令遵守，製品・サービスの安全性追求のようなルールを順守するだけでなく，社会の期待にこたえる姿勢が求められています。企業には，顧客や株主のほか，仕入れ先，従業員，地域社会など，多くの**ステークホルダー**が存在します。目先の利益を優先させて情報開示を怠り環境・社会との関係を欠くと，企業の信頼を損なうリスクにつながります。

　20世紀末以降，地球環境・マイノリティ・グローバリゼーションに対する世界的な意識の高まりの中で，社会各層が企業に対してこれらの社会規範への対応を求めるようになりました。この中で，高品質の**コーポレートガバナンス（企業統治）**と**社会的責任**を実現している企業は，長期的な企業価値が高いと考えられるようになりました。企業を評価する尺度についても，新たに社会性からみた評価を組み入れることが主流となっています。

■社会的評価への対応

　企業側の社会的評価への対応については，主なものとしてはコーポレートガバナンス・コード，ESG活動，企業の社会的責任，統合報告書があげられます。

　コーポレートガバナンス・コード（corporate governance code，日本語：企業統治指針）は，2015年に政府の日本再興戦略の施策の1

つとして金融庁と東京証券取引所が共同で策定した政策で，企業が利害関係者らの期待にこたえるための体制整備のあり方についての指針です。コーポレートガバナンス・コードには法的強制力や罰則はありませんが，コードに従わない場合には理由を説明する責任が発生するという考え方を取っています。コーポレートガバナンス・コードにおいて重視されているものは以下の 3 要素です。

1．取締役会の機能発揮
2．企業の中核人材における多様性（ダイバーシティ）の確保
3．持続可能性（サステナビリティ）をめぐる課題への取り組み

ESG とは環境（Environment），社会（Social），ガバナンス（Governance）の頭文字を取った言葉で，環境・社会・ガバナンスを重視した企業活動を **ESG 活動** といいます。ESG 活動はステークホルダーへの配慮を軸とした行動が長期的な企業成長に影響する要素であるという考え方で，地球社会全体の持続的成長という視野を持つ SDGs より狭い範囲を対象としたものです。また，**企業の社会的責任**（略称 **CSR**，Corporate Social Responsibility）は基本的な概念は ESG と同じですが，経済以外の社会的・倫理的な価値観を重視しており，社会・環境・企業統治を重視する ESG に比べると広く倫理性を重視しているところに特徴があります。

統合報告書（Integrated Report）は上場会社が自発的に発行する資料で，財務情報に加えて企業統治や社会的責任，知的財産などの非財務情報をまとめて報告した文書です。欧米の投資家が企業の社会的責任を重要視し始めたことを契機に，欧米企業が財務情報と非財務情報を統合して発行するようになったことからこの名前になっています。日本経済新聞によると 2019 年度の統合報告書の発行会社数は 500 社を超えています。数値で表しにくい自社の取り組みと財務諸表に表れない企業価値を，社会に積極的に発信しようとする会社が増えていると考えることができます。

[44] 社会性の評価手法

　では重要になってきた企業活動の社会的な部分をどのように評価すればよいでしょうか。社会活動は具体的な取り組みの情報はあっても，金額や数値で示す仕組みはほとんどありません。企業の社会性は第41節で説明したような見えない組織資産の1つですから数字で表すことは困難です。このため，他の定性分析でも行われているように，企業の社会的な取り組みを評点化するスタイルが軸になっています。以下で主な評価手法をみていきましょう。

■社会性評価ランキング

　このような評点化の事例として「社会性評価ランキング」の基準が参考になります。社会性評価ランキングの例としては「**東洋経済CSR企業ランキング**」があげられます。過去に企業評価ランキングを実施してきた東洋経済新報社が社会性を加味した企業評価手法を取り入れ，2006年から開始した調査です。これは，従来の財務的な企業評価に，社会性，環境，企業統治，人材活用を加えた企業評価システムを構築し，毎年アンケート調査を実施・公表しています。そのほか，日米の連携企業で作るサステナブル・ブランド ジャパンが調査集計した「サステナブル・ブランド調査」も同様の取り組みです。

■社会的投資

　また，投資家側が社会的活動への取組度合の高い企業に重点的に投資をするという**社会的投資**も拡大しています。簡単にいえば，社

会活動に積極的な企業に投資を増やす，あるいは消極的な企業には投資を減らす（あるいは投資しない）という投資手法が，欧米諸国の機関投資家を中心に増加しています。

■ ESG 投資

　ESG 投資とは，「環境・社会・企業統治に配慮している企業を重視・選別して行う投資手法」です。21 世紀以降，欧米の機関投資家が ESG に取り組む企業を投資対象に選別する，あるいは ESG に消極的な企業を投資対象から除外する投資行動が広がっています。特に，広く国民の資金を運用する年金基金が ESG 投資に積極的ですが，個人の金融資産運用でも次第に広がっています。

　ESG 投資は，従来の財務的な企業評価に加えて，企業の ESG 活動への評価・分析を加味して投資判断を行います。例としては，ESG に消極的な特定の会社・産業を投資対象から除外する手法（ネガティブ・スクリーニング），ESG の国際基準をクリアーしていない企業を投資先から外す手法（規範スクリーニング），同業種の中で社会的活動が優れている企業に投資をする手法（ポジティブ・スクリーニング）などがあります。

■ ESG 指数

　社会的活動に積極的な企業を選択して 1 つのグループとし，各社の株価を指数化したもので，**ESG 指数**と呼ばれています。主な ESG 指数は，Dow Jones Sustainability Index（米国），FTSE4Good Index（英国）がありますが，日本国内でも数種類の指数が登場しています。社会性を重視した投資を行いたい場合は，これらの指数に連動した投資信託を購入する，あるいは指数を構成している銘柄（会社の株式）に投資をすれば社会的企業を選択できるという考え方です。

第13章

セグメント分析
（事業部門分析）

▶第13章 セグメント分析（事業部門分析）

企業を主な事業別に分けて
考察する

『**セグメント**』という英語は，部分や区分，階層といった意味ですが，マーケティング用語としてよく使われます。マーケティングでは同じニーズや属性を持つ顧客層の集団という意味が一般的です。IT 関係の技術用語においてもセグメントという言葉が出てきて，大きなネットワークを分割した際のそれぞれの固まりという意味で使われることがあります。

セグメントを簡単にいうと「区分」のことです。もともとの英語の意味は「断片」「一部分」ですが，ビジネスにおいては「ある分野において特定の基準をもとに細分化または分割した 1 つの要素のこと」という意味合いで使われています。

セグメントは会計の世界でも使用されるようになり，現在は日常的に使われるビジネス用語になっています。事業別のセグメント情報を開示するとか，売上高の地域ごとのセグメント情報を分析する，というような使われ方をします。以下で解説するセグメントを使った企業分析を学ぶと，企業の稼いでいる事業，利益率の高い事業，あるいは課題になっている事業という事業分野別にみたビジネスの状態を知ることができます。

45 グループ経営とセグメント情報

　企業を事業部門別に考察すれば，さらに企業がわかってきます。外食の吉野家ホールディングス（株）は，おなじみの牛丼事業（吉野家）だけでなく，うどん（はなまる）という異分野の店舗や海外の牛丼事業を展開しています。となると，当社全体だけではなく各事業の売上や利益の情報が得られると，もっと的確な経営状況を知ることができるでしょう。

　これまで解説した企業研究は一社単位の分析でしたが，1つの会社の中を事業別に切り分けて分析できるなら応用範囲が広がります。このような事業部門は**セグメント**（segment）と呼ばれます。セグメントとは経営資源を配分する単位で，事業，製品サービス，地域などの区分を指します。大企業が多業種にわたる事業経営・グループ経営や世界各国の地域でグローバルな経営活動を展開する中で，企業の情報開示をセグメント別に開示する制度が世界各国で拡がり，日本でも2010年からセグメント会計基準が適用され，有価証券報告書を提出する上場企業は**セグメント情報**を開示しています。このセグメント情報とは，会社の売上，損益，資産その他の財務情報を事業単位ごとに分解した財務情報です。したがってセグメント情報を分析することで，どの事業が伸びているのかを知ることができます。また，財務会計上のコストである勘定科目の情報からは把握が難しいセグメント別のコスト構造を把握することもできます。

　セグメントには統一された区分はなく，各社が意思決定する際に用いる区分を使って開示しています。したがって，同じ業界であっても会社によってセグメントの対象が異なることも名称が違うこと

もあります。有価証券報告書にあるセグメント情報の例をあげると（下表），各社の主要事業がセグメント別に区分され，事業内容や売上・利益の状況，担当するグループ会社等の情報が記載されていることがわかります。

■子会社・関連会社を見ていくことも必要

　大企業の多くは子会社や関連会社を設立し，企業単体ではなく企業グループを軸にして事業活動を行っています。有価証券報告書を提出している企業の82%が子会社を保有しており[21]，規模の大きな上場企業は数十社，数百社の子会社を有します。たとえば，ソニー G の子会社は 1,449 社，関連会社数は 152 社です（2021 年 3 月現在）。したがって，企業一社だけではなく，企業グループ単位での把握が重要になってきます。企業をみるには単体の財務諸表ではなく**連結財務諸表**をみたうえで，さらに連結ベースの分析をセグメント別にブレイクダウンし，子会社・関連会社によって運営されている事業の状況を分析することが重要です。

上場会社のセグメントの例

会社	セグメント（カッコ内は売上構成比）					
味の素	調味料・食品 (58.3%)	冷凍食品 (19.2%)	ヘルスケア 等 (21.1%)	その他 (1.4%)		
ソニー G	ゲーム＆ネットワークサービス (28.9%)	音楽 (10.3%)	映画 (8.4%)	エレクトロニクス・プロダクツ＆ソリューション (21.1%)	イメージング＆センシング・ソリューション (10.4%)	金融 (18.5%)
任天堂	日本 (23.0%)	米大陸 (43.2%)	欧州 (25.0%)	その他 (8.8%)		
良品計画	国内事業 (61.5%)	東アジア事業 (28.4%)	欧米事業 (6.5%)	西南アジア・オセアニア事業 (3.5%)		
吉野家 HD	吉野家 (61.3%)	はなまる (11.8%)	京樽 (11.0%)	海外 (11.3%)		

（出所）各社の 2020 年度有価証券報告書による。

46 セグメント分析を行う

　このセグメント情報をもとにして分析することを**セグメント分析**と呼んでいます。有価証券報告書に記載される売上，利益，資産などをセグメント単位に表した**セグメント情報**によって，会社全体ではわからない事業単位や地域単位での情報を得ることができます。サントリーホールディングス(株)は飲料・食品，酒類，その他の3つのセグメントに分けて事業を行っています（次頁の表）。また，(株)ファーストリテイリングは国内ユニクロ事業と海外ユニクロ事業をセグメントに分けて情報を開示していますから，ユニクロを国内と海外に分けて分析することが可能です。

　このセグメント情報を考察することによって，各社の事業別での売上構成や収益性を測定することができます。つまり，一定の範囲内でどの事業が会社の主力なのか，どの事業が収益性や成長性が高いかを把握できるのです。

　企業分析においては，まずは会社全体の財務分析を行ったうえで，有価証券報告書の財務データを使って各セグメントにおける財務分析をすればどの事業が利益をあげているか，成長しているかを把握することができます。

　ただし，セグメント情報は一部の項目の開示であり，会社全体の財務諸表と同じ項目が開示されていないことには注意が必要です。セグメント情報で開示されている項目は，従業員数，売上高，営業利益（セグメント利益），減価償却費，投資利益などの重要項目だけで，貸借対照表の項目は出ていませんし，一般管理費，経常利益，当期利益のような損益計算書の項目もありません。

■セグメント分析の例：サントリーホールディングス

　サントリーホールディングス(株) を事例にセグメント分析を行ってみましょう。最初にどのように事業を運営しているかを把握する必要があります。2021 年 12 月期の当社の有報をみると第 1 部第 1 の 3「事業の内容」で以下の説明があります。

> 「当社および関係会社は純粋持株会社制を導入しており，当社，親会社，子会社 262 社および持分法適用会社 40 社より構成され，飲料・食品，酒類の製造販売，さらにその他事業活動を行っています。」

　この 3 セグメントのうち，飲料・食品はサントリー食品インターナショナル(株) など 102 社の会社によって，酒類はアメリカの Beam Suntory Inc. やサントリービール(株) など 135 社，その他セグメントはサントリーウェルネス(株)，ハーゲンダッツジャパン(株) など 65 社によって運営されています。

　2017 年 12 月期と 2020 年 12 月期の事業年度について，各セグメントの売上収益，営業利益，従業員数を抜き出したものが下の表です。この表からどのような特徴が見つけられるでしょうか。

サントリーホールディングスのセグメント情報

（セグメント）	売上収益（百万円）					営業利益（百万円）		
	2017/12	構成比	2020/12	構成比	17-20 年増減率	2017/12	2020/12	17-20 年増減率
飲料・食品	1,234,008	56.6%	1,178,137	55.3%	−4.5%	138,771	117,004	−15.7%
酒類	726,767	33.3%	731,661	34.4%	0.7%	126,927	130,415	2.7%
その他	220,122	10.1%	218,881	10.3%	−0.6%	25,892	14,818	−42.8%
全社合計	2,180,898	100.0%	2,128,681	100.0%	−2.4%	291,591	262,238	−10.1%

（セグメント）	関連会社数（社）	従業員数（名）					売上高営業利益率	
		2017/12	構成比	2020/12	構成比	17-20 年増減率	2017/12	2020/12
飲料・食品	102	23,219	61.5%	24,102	60.2%	3.8%	11.2%	9.9%
酒類	135	7,842	20.8%	8,197	20.5%	4.5%	17.5%	17.8%
その他	65	6,235	16.5%	7,283	18.2%	16.8%	11.8%	6.8%
全社合計	302	37,745	100.0%	40,044	100.0%	6.1%	13.4%	12.3%

（出所）当社の有価証券報告書。

　まず売上収益の2017年から2020年の3年間の変化をみると，酒類のセグメントが0.7％の売上増加に対して飲料・食品は4.5％減と売上が減少しており，同期間における営業利益も飲料・食品が15.7％減です。当社の有報で「サントリー食品インターナショナルは，新型コロナ感染症拡大の影響を受け主要各国における事業環境が大きく変化し，国内外の事業は影響を受けました。」と説明されているように，コロナによる消費減の影響が飲料・食品セグメントで大きかったようです。

　次にセグメント別の利益率をみてみましょう。2020年は酒類の売上高営業利益率は17.8％ですが，飲料・食品は9.9％です。サントリーホールディングスは酒類の方が利益率は高いことがわかります。気になるのは，その他セグメントの利益率が6.8％と思わしくないことです。健康食品・アイスクリーム・外食店舗というその他事業の収益に課題がありそうです。

■**各社でどの事業が稼いでいるかがわかる**

　このようにセグメント分析を行うと，どのセグメントが利益率は高いか，どこの利益率が低いのかを算出することができますから，分析する会社の収益構造とビジネスモデルを知ることにつながります。どこの会社であっても，何で儲けているか，どこの採算が悪いかどうかという情報はほとんどわかりません。しかし，セグメント分析によって大筋を知ることができるのです。

　第45節の表にあげた5社の有価証券報告書を分析して，セグメント別に利益率を算出してみましょう。**味の素(株)**のセグメント別売上高営業利益率（2021年3月期）は，調味料・食品が13.8％，冷凍食品1.2％，ヘルスケア等10.7％，その他▲4.3％です。味の素は冷凍食品とその他の事業の収益が良くないようです。

　同じように**ソニーグループ(株)**の利益率を計算すると，ゲーム

＆ネットワークサービスが 13.1％，音楽 20.3％，映画 10.6％，エレクトロニクス・プロダクツ＆ソリューション 7.3％，イメージング＆センシング・ソリューション 15.6％，金融 9.9％となっており，音楽ビジネスの利益率が高くなっています。

　次に無印良品を展開する **（株）良品計画**のセグメント情報をみると，当社は製品やサービスではなく事業を行っている地域でセグメントを分けています。当社のセグメント別利益率（2020 年 8 月期）は，国内事業 3.2％，東アジア事業 13.2％，欧米事業▲ 81.％，西南アジア・オセアニア事業▲ 8％となっており，中国などの東アジアの事業の採算が良いのに対して欧米やオセアニアの事業が赤字となっています。

　最後に，**吉野家ホールディングス（株）** のセグメント別売上高営業利益率（2021 年 2 月期）をみていきましょう。利益率は吉野家（国内牛丼事業）が 3.9％，はなまる（うどん事業）▲ 15.5％，京樽（持ち帰りすし事業）▲ 11.7％，海外（海外の牛丼・うどん）2.9％という状況です。つまり吉野家ホールディングスは創業以来の牛丼事業にうどんと持ち帰り寿司という新事業を展開していますが，この新事業の利益率がマイナス状態で経営の足を引っ張っている状況がうかがえます。

第14章

株式市場の企業評価

▶第14章　株式市場の企業評価

投資家と株式市場は，
企業をどのように評価しているか

　皆さんが今一つわからないのが「企業と株価の関係」だと思います。市場で取引される大根やマグロの値段が動くように，上場会社の株価もさまざまな複雑な要因によって日々変動します。しかし，投資家がなぜ株式を買うか売るかは，投資家が企業の価値をどう見るかが最大の決定要素です。このような投資の観点から企業を分析することを**証券投資分析**といい，証券会社や投資運用会社は証券投資分析をする中で企業研究を行っています。金融機関の融資審査が安全性を重視しているのに対して，証券投資分析では成長性と収益性を重視します。成長と収益が企業価値に大きな影響を与えるためです。

　証券アナリストは株式市場からみた上場会社の企業価値を分析する専門家で，会社の今後の業績を予想し，現在の株価に表れている企業価値と比較します。株価を動かす会社の企業価値とは何か，以下で見ていきましょう。

47 株式市場における企業価値

　上場企業の株価は，経済金融情勢（例：金利），株式市場の売買動向（例：株式の需要・供給），その他（例：政治，国際情勢）という多数の要因によって決定されますが，株価はその中でも企業業績と企業評価の影響を強く受けます。

　したがって，株価は企業業績などの経営状況や経営行動に大きく影響されるだけに，株式を売買する投資家（個人，法人，海外投資家）は，自分の考える企業評価と実際の株価を勘案しながら売買に参加しています。すなわち，自分の考える企業評価より実際の株価が安ければ購入する動機になり，自分の評価より実際の株価が高ければ売却する動機になります。投資家は何らかの分析と評価をしているわけで，このような分析を**証券投資分析**といいます。

　投資家はみずから分析を行ったうえで企業評価をします。精密な財務分析がなされていなくても，ある1つの要因から業績が良くな

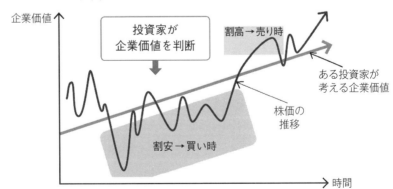

投資家は自分の企業評価と株価を勘案して売買

ると思うことも分析の１つです。こうした企業評価につながる情報収集と分析によって株式売買が行われています。

■株式時価総額

ある会社の株式をすべて購入すれば，その会社を完全に所有し支配することができます。会社の発行済株式数に１株当たり株価を乗じた金額は『会社をまるごと買って支配できるという企業評価（金額）』です。これを**株式時価総額**（または時価総額）といいます。株式売買（株式市場）の中では，多数の投資家による企業評価が株価に反映されていると考えられます。また，会社の経営陣も株式時価総額を意識して経営を行っています。株主の大半は株価上昇によって企業価値が高まることを期待しているからです。

> 株式時価総額　＝　発行済株式数　×　株価
> ・株価が上昇すれば　→　時価総額という企業価値が上昇
> ・株価が下落すれば　→　時価総額という企業価値が下落

■企業評価の尺度は１つではない

企業評価の尺度は他にもいくつかあります。①先にあげた株式時価総額のように株式市場の取引が企業価値を体現していると考えて算定するマーケット・アプローチ，②その企業を清算して持っている資産を売り払うといくらになるかという価値を基礎とするコスト・アプローチ，③将来その企業が稼ぎ出す付加価値の予想額を現在価値に割り戻すインカム・アプローチ，の方法があります。これらの企業価値の算定方法は，他の会社を買収する際の買収価格の判断などに活用されています。

48 企業業績と株価

　企業業績は株価にどのように影響すると考えればよいでしょうか。まず以下の用語を理解してください。

　EPS（Earnings Per Share）は1株当たり当期純利益です。EPSによって，株主が投資した株当たりで会社がどれだけの利益をあげているかを判断することができます。EPS は会社の規模にかかわらず1株当たりの当期利益の大きさを表しているため，値が大きいほど収益性が高いことになります。当期の1株当たり利益を前期以前のものと比較することで，会社の収益性や成長度を把握でき，また他社と EPS を比較することで会社規模の影響を除外した収益性の分析も可能です。このような汎用性から，企業の決算発表では EPS に注目が集まり，株価にも大きな影響を与えます。

$$EPS（1株当たり利益）= \frac{税引後当期純利益}{発行済株式数}$$

■経営実績と株価の関係

　証券投資分析では，企業の経営実績と株価の関係を表した指標が日常的に使用されています。

　PER（Price Earnings Ratio）は株価収益率といい，株価が1株当たりの利益の何倍になるかを示します。すなわち，PER が高いほど相対的に高く買われている（＝相対的に企業が高く評価されている）ことを意味します。

$$PER（株価収益率）= \frac{株価}{1株当たり利益（EPS）}$$

　株価収益率とともに重視される指標として，PBR という指標があります。**PBR**（Price Book-value Ratio の略語）は株価純資産倍率といい，株価が 1 株当たりの純資産に対して何倍に評価されているかを示します。PER と同様に，PBR が高いほど相対的に高く買われている（＝相対的に企業が高く評価されている）ことを意味します。

$$PBR（株価純資産倍率）= \frac{株価}{1 株当たり純資産}$$

■投資家の期待度が株価に反映される

　株価収益率 PER は，その時点での株価が EPS（1 株当たり利益）の何倍なのかを示しています。基本的には株価が上昇すると株価収益率も上昇し，株価が下降すると株価収益率も下降します。また，1 株当たり利益が上がると株価収益率は下がり，1 株当たり利益が下がれば株価収益率が上がります。**株価収益率は会社の利益に対して現在の株価が割高か割安かを表しています。**株価収益率が低いほど会社の利益に対して株価が割安であり，高いほど株価は割高ということになります。株価収益率が高いということは人気がある銘柄だと見ることができます。つまり，

・経営実績（＝ PER）に比べて株価が高い → 企業への期待値が高い
・経営実績（＝ PER）に比べて株価が低い → 企業への期待値が低い

と考えることができます。

　したがって，PER の推移をみればそれぞれの会社への期待度が推測できますし，さらに上場会社全体の PER をみれば株式市場における市場参加者の期待度の高さ，つまり株式投資に積極的かどうかという市場の雰囲気を把握できます。次頁の図で 2013 年以降の日本の東証 1 部上場企業の平均 PER をみると，15 倍から 25 倍の間で推移しており，最近 10 年間の平均は 20 倍前後です。また，将

来への期待度が高い企業は PER や PBR が高く，期待度が低まれば PER と PBR は低下するという傾向があることになります。

　高い成長を実現する企業は，投資家から高い評価を受けます。高成長は利益増加につながり，1 株当たり利益の増加をもたらし，今後さらに成長するのではという期待が高まります。高成長企業は，こうした業績の成長と期待によって株価が上昇します。第 33 節で説明したように，Amazon.com やファーストリテイリングはこの 10 年で高い成長を実現していますが，株価も成長を反映して上昇しています。両社の PER を計算すると Amazon.com が約 47 倍，ファーストリテイリングが約 38 倍[22] と上場企業の平均よりかなり高いことがわかります。

■配当と株価の関係

　投資家は購入した株式の価格上昇とともに配当を受け取ることで利益を得ますから，配当と株価の関係も投資判断の要素の 1 つです。配当と株価の関係を示す指標として**配当利回り**が使用されています。配当利回りは年間配当額を株価で割った数値で，投資家からみれば「1 年間の配当による収益率」と考えることができます。

$$配当利回り = \frac{年間配当額}{株価}$$

　投資家は銀行預金，債券，不動産などの金融資産と比べて株式投資を行っていますから，配当利回りの数値も投資決定の要因として重要です。東証 1 部上場株式の平均配当利回りは，ここ数年間は 1.5％から 2.5％の間で推移しており（次頁の図），2022 年 2 月で 1.81％，配当がある会社のみの平均は 2.00％です。日本企業の株式を購入した投資家は年間で 2％前後の配当を受け取っていることになります。

東証１部上場企業の PER，配当利回りの推移

（注）データは東京証券取引所による。数値は加重平均，単位：倍。

第15章

海外企業の企業分析

▶第15章　海外企業の企業分析

海外企業を知る手段は
インターネット上に豊富にある

　アップル，マイクロソフト，アマゾンといった海外のグローバル
企業は世界中でビジネスを展開し巨大な収益をあげています。前の
章で説明した株式時価総額でこれらの企業を表わすと，アップルが
約2兆8千億ドル（円換算で約317兆円），同じくマイクロソフト
が約2兆2千億ドル（同258兆円），アマゾンが1兆6千億ドル（同
185兆円）です。日本で最大のトヨタ自動車の時価総額が約36兆
円ですから，その大きさが実感できると思います[23]。

　私たちは毎日のように彼らの製品やサービスを使っていますが，
一体どんな会社なのか，どこに会社があるのか，どんな特徴を持っ
ているのか，どういう人々が働いているのかという点にはあまり関
心なかったのではないかと思います。英語は読めないからと敬遠す
る大学生もいますけれど，こうした会社を調べることは皆さんが思
っているほど難しいことではありません。この章では海外企業の情
報収集と分析方法について考えてみましょう。

49 海外企業の仕組みを知る

　皆さんは毎日グローバル企業に接していますが，どこの国の企業か知っているでしょうか，次頁のリストで確認してみてください。アップル，マイクロソフト，マクドナルド，ディズニーがアメリカの会社であることは知っていても，アディダスやH&Mの本社がどこの国にあるか知らなかった人もいるでしょう。Daimlerや Bayerische Motoren Werke，Hennes & Mauritz，Inditex という会社名を知らない人が多いと思いますが，各社の商品はベンツ，BMW，H&M，ZARA という有名なブランドです。これ以外にも巨大なグローバル企業が多数あります。たとえば世界の売上高トップ20 には中国石油化工集団，国家電網，中国石油天然気集団といった中国の企業がランクインしていますし，エクソンモービル（本社：アメリカ），サウジアラムコ（サウジアラビア），ロイヤル・ダッチ・シェル（イギリス）といった石油企業もトップ20社の一員です。

■各国の会社制度は似ている

　リストにある会社名をみると，アメリカの会社は最後に Inc. が付いているとか，ドイツの会社には AG が付いているとか，社名の後に知らない用語が付いています。これは各国の表記で株式会社を指す用語です。日本でも会社法によって株式会社を付ける義務[24]があるように，各国も同じような規定があるのです。

　世界各国の会社は同一の起源を持っており，会計も明治維新前後にヨーロッパから導入された制度ですので，今日の日本で使われている仕組みはアメリカやヨーロッパと似ています。株式会社制度は

イギリス，オランダで 17 世紀初頭に設立された東インド会社に始まり，主要国はそれにならって会社制度を導入しました。このような歴史から，各国の**会社法**は株主の有限責任と株式会社の義務を規定しています。アメリカでは株式会社は商号の末尾に Corporation, Incorporated, Company, Limited のいずれか，または略称を付ける義務があり，最も使用されているのは **Inc.**（Incorporated の略称）という表記です。イギリスで最も使用されているのは Ltd.（limited company の略称）です。ドイツの株式会社は AG を使用し，フランスやスペインは S.A. を使います[25]。

グローバル企業の会社名と本社所在地

Apple Inc.	(iPhone)	アメリカ
Alphabet Inc.	(Google)	アメリカ
Meta Platforms, Inc.	(Facebook)	アメリカ
Microsoft Corporation	(Windows)	アメリカ
Amazon.com, Inc.		アメリカ
Twitter, Inc.		アメリカ
Intel Corporation		アメリカ
Netflix, Inc.		アメリカ
Samsung Electronics Co., Ltd.		韓国
Tesla, Inc.		アメリカ
Daimler AG	(BENZ)	ドイツ
Volkswagen AG		ドイツ
Bayerische Motoren Werke AG	(BMW)	ドイツ
NIKE, Inc.		アメリカ
adidas AG		ドイツ
PUMA SE		ドイツ
McDonald's Corporation		アメリカ
The Coca-Cola Company		アメリカ
Starbucks Corporation		アメリカ
Nestlé S.A.	(Nescafé)	スイス
Hennes & Mauritz AB	(H&M)	スウェーデン
Inditex, S.A.	(ZARA)	スペイン
Walmart Inc.		アメリカ
The Walt Disney Company		アメリカ
（カッコ内は各社の主力ブランド）		

　また，会計基準や情報開示でも，**IFRS**（国際会計基準），ESG ディスクロージャーのように各国に適用されるスタンダードが作られています。したがって，会社制度も会計制度も各国とも似た内容であり，異なるシステムとして学ぶ必要はないのです。残念ながら言語は日本語ではありませんので，海外企業を分析するには，会社や会計についての基本的な英語を覚えておく必要があるでしょう。代表的な英語を下の表にリストアップします。

■会社の英語
investor relations	インベスター・リレーションズ
disclosure	情報開示
annual report	年次報告書
quarterly report	四半期報告書
financial statements	財務諸表
consolidated	連結
non-consolidated	単体
accounting period	決算期
fiscal year	事業年度
SEC	米国証券取引委員会
earnings call	決算発表
board of directors	取締役会

■会計の英語
IFRS	国際会計基準
assets	資産
liabilities	負債
shareholders' equity	株主資本，自己資本
capital stock	資本金
sales	売上高
revenue	収益
cost of sales	売上原価
expenses	経費
operating income	営業利益
net income	当期利益

　海外企業を調べるのは自分には無理と思う人もいるでしょう。確かに情報は英語ですが，日本企業の分析を学んでいればそれと同じような方法で調べればよいのであって，想像するほど新しいことを学ぶ必要はありません。しかも情報源のほとんどがインターネット

の中にあり，誰でも専門家と同じ内容の情報にアクセスし入手することができます。興味関心を持てば海外企業を知る手段は豊富にあるのです。

　日本国内の上場企業の情報源は，有価証券報告書，決算短信，会社のホームページやIRウェブサイト，あるいはインターネットのウィキペディアや企業情報誌と解説しましたが，海外企業を調べる際の情報源も同じようなスタイルです。次節の解説のように，アメリカではForm 10-KやForm 10-Qという決算報告書が公表されており，これらの企業情報は各社のIRウェブサイトで日本企業と同じような順番で公表されています。また，ウィキペディアも会社情報誌も英語表示であるだけで日本と違いはありません。

　ここで，ナイキのIRウェブサイトで決算報告書を探してみましょう。グーグルで「NIKE IR」と打ち込めば，「Nike Investor Relations」という検索結果が表示されますが，これがナイキのIRウェブサイトです。同社のIRサイトには以下の項目が並んでいます。

・News, Events & Reports（投資家向けニュース，行事，レポート）
・Purpose & Sustainability（サステナビリティ，社会貢献活動）
・Quarterly Earnings（四半期決算）
・Resources（IR資料）
・Corporate Governance（コーポレートガバナンスに関する情報）

　上から三番目のQuarterly Earningsの中にナイキの四半期毎の決算発表資料（日本でいえば決算短信）があります。また，Resourcesの中にはアニュアルレポートや公表資料が掲載されており，その中でSEC提出資料の項目をクリックすれば，先ほどのForm 10-KやForm 10-Qという決算報告書を入手することができます。

50 アメリカ企業を分析する

■アメリカにおける会社情報開示

　アメリカに上場する会社は，「1934年証券取引所法」という法律に基づいて年次報告書と四半期報告書を **SEC**（証券取引委員会）へ提出することが義務付けられています。これら提出書類の規則・様式は SEC が規定しており，年次報告書は **Form 10-K**，四半期報告書は **Form 10-Q** といいます。アメリカの上場会社が SEC に提出する主な決算関係の書類は下の表のようなものです。

　ほとんどのグローバル企業はアメリカの証券取引所に上場しています。アメリカでは先に解説した 10-K や 10-Q が公開されていますから，誰でもそれらを入手することができます。したがって，海外企業を分析するには，ウィキペディアや企業情報誌等で企業概要を理解したうえで，会社の IR ウェブサイトで 10-K を入手して分析するというプロセスが効率的です。世界中のアナリストや投資家がこれらの資料を読み込んで企業を研究しているのです。

SEC に提出する主な財務書類

報告書	記載内容
年次報告書（Form 10-K）	年度決算期に提出義務のある報告書
四半期報告書（Form 10-Q）	第1，第2，第3四半期に提出義務のある報告書
臨時報告書（Form 8-K）	重大な事象が発生した場合に提出義務のある報告書
外国企業の年次報告書（Form 20-F）	外国企業に提出義務のある年次報告書（アメリカの証券取引所に上場しているアメリカ国外の企業が提出）

■ディズニーを調べる

実際に海外企業を調べてみましょう。ディズニーを例にとりあげて，情報収集と分析の仕方を解説します。

(1) ディズニーの会社概要

日本企業を分析する場合と同じように，最初に会社を一通り理解する必要があります。インターネット上のウィキペディアによってディズニーを日本語で概観できます。ウィキペディアは正確性が保証された仕組みではありませんので，論文の引用や転用は避けるなど一定の制約を念頭に活用すべきですが，今回のように全体観を把握する目的には有益です。

ディズニー（The Walt Disney Company）は，アメリカ・カリフォルニア州バーバンク市に本拠を置くメディアとエンターテイメントの複合企業です。ご存知のとおりテーマパークは世界で圧倒的なブランド力と集客力を持っており，世界各地（米アナハイム，米オーランド，東京，パリ，香港，上海）でテーマパークやリゾート事業を展開しています。当社の 2021 年 9 月期の収益（revenue）は約 674 億ドル，従業員数は約 19 万人という巨大企業です。

ディズニーは 1923 年にディズニー兄弟によって設立され，1986 年にウォルト・ディズニー・カンパニーに社名が変更され現在に至っています。当社は 1980 年代以降に多角化を進め，映画会社（20 世紀フォックス，ピクサー，ルーカスフィルム等）やテレビ会社（ABC，ESPN，FX，ナショナルジオグラフィック等）の買収・権利取得を活発に行い，現在は巨大なメディア事業部門に成長しています。

(2) IR サイトで 10-K を入手して分析する

前節のナイキと同じように，ディズニーの IR ウェブサイトで同社の決算報告書 10-K を入手して直近の決算を分析してみましょう。

　同社の IR サイトで 2021 年 9 月期の 10-K をダウンロードすると合計 132 頁の文書が手に入ります。長文の英語で専門用語と膨大な財務諸表の数字が並んでいますから，普通の人は分析するのに尻込みしてしまうでしょう。しかし，ディズニーでもナイキでも，10-K は日本の有価証券報告書と同じ様に記載項目とその順番が決まっていますので，どのような企業情報を知りたいかを決めていれば，探すことはさほど難しくありません。Form 10-K の開示ルールでは，PART2（第 2 部）の Item 8. Financial Statements and Supplementary Data（財務諸表及び補足的財務情報）という項目に連結財務諸表やセグメント別の財務情報などが掲載され，詳しい決算内容も説明されています。ここでは前期（2021 年 9 月期）と前々期（2020 年 9 月期）の 2 年間について，ディズニーの部門別の収入と営業利益を収集し，セグメント別にどのような経営状況なのかを調べてみましょう。

(3) セグメント分析

　アメリカの上場会社も日本の有報と同様にセグメント別に開示されています。ディズニーは，Media and Entertainment Distribution（メディア・配給部門）と Parks, Experiences and Products（パーク・アトラクション・リゾート部門）の 2 つのセグメントに分かれており，さらに詳細に分けると 6 部門のセグメントとなっています。前者はテレビやインターネットを使ったメディア事業で，後者がアトラクション部門ということがわかります。

　これらの部門の収益（revenue）や営業利益（operating income）を 10-K から抽出して，部門別の収益伸び率と営業利益率を算出してみましょう。次頁の表から以下の特徴が読み取れます。

　①　アトラクション部門の全体収入に占める割合は 24.6％にすぎず，現在のディズニーはメディア企業に変化している。

　②　収入で大きなウエイトを占めるメディア事業のうち，Direct-to-Consumer というインターネット配信事業が 2020 年度は前年比 54.7％ も増加した一方で，Content Sales/Licensing というオンデマンド配信・映画配給事業の収益伸び率は▲ 33.1％ と大幅に減少しています。新型コロナの影響で映画配給やセルビデオ・レンタルビデオの売上が不振であるとともに，これらの需要は Disney+ にシフトして置き換わった可能性があります。

③　大幅に収入が伸びている Direct-to-Consumer の事業は 2020 年度の営業利益率が▲ 10.3％ と大幅な赤字です。開始 2 年目の Disney+ を増やすために多額の費用を投入して赤字が続いていることが推測できます。

④　新型コロナによってアトラクション部門の収入は打撃を受けましたが，物販やライセンシング部門は収入の伸びや利益率ともに堅調な数字です。外出してアトラクションやリゾートを楽しめない消費者がディズニーのグッズを購入している行動をとらえることができるでしょう。

ディズニーのセグメント別収益と利益率

	収益 百万ドル	構成比 %	2019-20 年 収益伸び率	2020 年度 営業利益率
全社合計	67,418	100%	3.1%	11.5%
Media and Entertainment Distribution （メディア・配給部門）	50,866	75.4%	5.2%	14.3%
Linear Networks（テレビ放送）	28,093	41.7%	1.8%	29.9%
Direct-to-Consumer（インターネット配信）	16,319	24.2%	54.7%	−10.3%
Content Sales/Licensing（オンデマンド配信，映画配給）	7,346	10.9%	−33.1%	7.7%
Parks, Experiences and Products （パーク・アトラクション・リゾート部門）	16,552	24.6%	−2.9%	2.8%
Domestic（米国内のパーク・アトラクション・リゾート）	9,353	13.9%	−8.5%	−12.2%
International（海外のパーク・アトラクション・リゾート）	1,859	2.8%	−8.0%	−57.8%
Consumer Products（物販・ライセンシング）	5,340	7.9%	11.4%	50.3%

（注）当社の 2021 年 9 月期 Form 10-K による。営業利益率＝営業利益／収益。

おわりに

　20世紀の時代には企業分析は金融機関や会計関係の部署に所属するプロフェッショナル向けの知識と考えられていたように思います。なぜなら，企業情報は限られた専門家しかアクセスできなかったからです。専門家が企業を分析する側で，一般人は専門家が発信することの読み手とみなされていた時代でした。ところがインターネットとデジタルの時代になると企業情報は一般に開放されました。会社のホームページ，IRウェブサイト，EDINETのような企業開示文書のデータソース，株式情報サイト，ウィキペディア，就職情報サイト。これらのオープンメディアによって**企業情報を利用できるようになり，いつでも企業分析が可能になりました。**

　誰もが企業分析ができる時代に，「初学者が知っておきたい企業研究に関する知識と情報の処理方法」を解説することが本書のテーマです。誰でも取り組めるように，できるだけ専門的な会計知識は使わないように心がけました。それと同時に，入手できる企業情報がどこにあって，どうやってアクセスして効率的に使うかという入手方法・活用方法の解説に力点を置きました。

　一方，会計を先に学んでいなければ企業分析はできないという意見もあります。本書を書くにあたって関連書籍を調べてみましたが，題名は入門と書いてあるけれども財務諸表論の知識を前提としているような本もありました。確かに財務分析には会計知識がないとこなしきれない箇所もあるでしょう。しかし，財務分析以外の項目，たとえば会社概要，沿革，製品サービス，会社の理念や目標，会社の雰囲気や従業員の待遇のような分析項目は，会計とは関係あ

りません。誰でも企業分析できる時代なのですから，『会計を学ばなければ駄目』とハードルを上げるような考えは時代に即していないと思います。**知識がなくても，まずはわかるところから会社を調べ，情報を収集して，頭の中の「会社の引き出し」を増やしていけばよいのです。**

　本書は初学者に対して実務知識を提供することを目的としていますから，基礎的・全体的・総論的にカバーする領域を広くとっています。下の二次元チャートにある本書のポジションを見ればイメージできると思います。こうしたスタンスと紙面の制約の双方から必要と思われる事柄に絞って解説しました。それゆえに，本書で解説していない分析手法や関連知識は沢山あります。会計学で財務諸表分析を専門に行いたい人や分析を深めたい人には本書は応えられていないと思います。これから専門的な文献を読んで学んでいくことを強くお勧めします。

　最後になってしまい大変恐縮ですが，創成社の西田徹さんには執筆が遅れてご迷惑をおかけしたにもかかわらず隅々までサポートしていただきました。改めてお礼を申し上げます。

小野正人

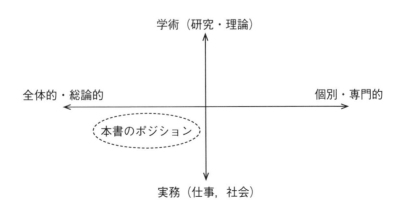

注 記

（1）総務省「平成 26 年経済センサス基礎調査」による。平成 26 年時点。

（2）会社法第 104 条。

（3）この項目は「取締役会設置会社」を念頭に説明していますが，取締
役会非設置会社（中小企業に多い）には取締役会がありません。

（4）ただし上場会社の中には連結対象企業がなく個別財務諸表のみ作成
している会社もあり，平成 24 年の調査によると国内に 553 社存在して
います。

（5）ウィキペディアに掲載される情報は豊富で多岐にわたりますが，内
容はすべて匿名の投稿であり情報の信憑性が低いため，研究上の参考
文献としては使えません。ただし，論文・レポートとは別の用途，た
とえば全体観を把握したい場合や大量の情報を速やかに通読したい場
合は役立つ情報源と思っています。

（6）国税庁「第 145 回国税庁統計年報」による。数値は令和元年調査。

（7）会社法第 435 条。

（8）会社法第 440 条。

（9）産経新聞「産経 WEST」2018 年 5 月 18 日記事による。

（10）現在も「冊子版 有価証券報告書総覧」という名前で各社の有報が紙
媒体で刊行されています。

（11）金融商品取引法 197 条により，有価証券報告書に虚偽の記載をした
場合は金融商品取引法に違反する犯罪となり，「個人は 10 年以下の懲
役若しくは 1,000 万円以下の罰金又は併科，法人は 7 億円以下の罰金」
と定められています。過去にも西武鉄道(株)や (株)ライブドアが虚
偽記載によって株式上場が廃止になり，当時のライブドア社長であっ
た堀江貴文氏が実刑判決を受けました。

（12）明治 30 年に書かれた「福澤全集緒言」では，福澤諭吉が「帳合の法」
を翻訳した経緯が書かれているが，翻訳にさいしては随分と苦労が多
かったようである。とりわけ数字の書き方に悩み，結局は百二十三円

四十五銭という日本式を，一二三, 四五と縦書きする方式に決めたと述べている。(出所：渡辺和夫「福沢諭吉と『帳合之法』」札幌学院大学経営論集 Vol.1，pp.43-49，2009 年 8 月)

(13) デュポン分析は，アメリカの化学会社であるデュポン社（Dupont）が経営管理の方法として取り入れたことからこのように名付けられています。

(14) データの出所は Yahoo! ファイナンス。

(15) 株式市場から自社の株式を購入してその株式を消却することで会社の発行済み株式総数が減少し，1 株当たりの価値は高くなります。したがって，1 株当たりの当期利益も増加することになり，自社の利益の一部を株主に支払うのと同じ効果となるため，配当と同様に株主還元策の 1 つとされています。

(16) 財務省「法人企業統計（令和元年度)」による。

(17) 総資産回転率は，（総資産÷売上高× 365）の算式によって総資産回転期間（単位：日）という用語を使う場合もあります。

(18) 信用格付が導入された背景：21 世紀以降整備されてきた金融機関の国際的リスク管理制度の中では，信用リスクの管理が重視され，世界各国では国内の各金融機関が社内で融資先・融資候補先に対して信用格付を行う仕組み（内部格付制度）の整備を推進しています。日本の融資を行う金融機関は，この内部格付制度を導入して各金融機関全体の信用リスク管理を行う仕組みが定着しています。

(19) 株式時価総額は 2022 年 2 月 16 日終値の株価で算出。

(20) インターブランド社「Best Global Brands 2021」による。

(21) 総務省統計局「企業グループに関する調査（2015 年)」による。

(22) PER は 2022 年 2 月 16 日時点の数値。

(23) 株式時価総額は 2022 年 2 月 16 日終値の株価で算出。

(24) 会社法第 6 条の 2 で「会社は，株式会社，合名会社，合資会社又は合同会社の種類に従い，それぞれその商号中に株式会社，合名会社，合資会社又は合同会社という文字を用いなければならない。」と定められています。

(25) ドイツの AG は Aktiengesellschaft, フランスの S.A. は société anonyme の省略形で，いずれも株式会社の意味です。

索　引

Ⓐ

CSR･･････････････････････ 149
EDINET ･･････････････ 58，71
EPS･･････････････････････ 168
ESG･･････････････････ 136，149
　　──指数･････････････ 151
　　──投資･････････････ 151
Form 10-K ･･････････････ 180
GAFAM･･･････････････････ 98
IFRS ･････････････････････ 178
PBR･･･････････････････････ 169
PER･･･････････････････････ 168
ROA ･････････････････ 84，88
ROE ･･･････ 43，86，88，89，98
ROS ･･･････････････････････ 82
SEC･･････････････････････ 180
SWOT 分析 ･･･････････ 136，142
Yahoo! Finance･･････････････ 98

㋐

アナリスト･･･････ 42，69，133，180
アニュアルレポート･･････････ 62
安全性･･････････････････ 74，106
イギリス東インド会社･･････････ 22
伊藤レポート･････････････････ 88
インタレスト・カバレッジ・レシオ
　　･･･････････････････････ 110
インベスター・リレーションズ･････ 56
ウィキペディア･･････････ 39，42，179
オランダ東インド会社･･･････････ 23

㋕

会計･･････････････････････ 46
　　──期間･････････････ 48
外国人株主･････････････････ 25
開示ガイドライン･･････････････ 60
会社概要･････････････････････ 40
会社四季報･･･････････････ 9，44
会社法･･･････････････ 56，177
株価収益率･････････････････ 168
株式会社･･････････ 20，24，176
株式時価総額･･････････････ 167
株式上場･･･････････････････ 28
株式情報サイト･･････････ 9，28，42
株主･･･････････････････････ 24
　　──構成･･･････ 24，60，64
　　──総会･･････････ 27，89
　　──の有限責任･･･ 23，24，26，177
借入金依存度･････････････････ 109
管理会計･･･････････････････ 81
関連会社･･････････ 30，32，157
企業会計･･･････････････････ 47
　　──原則･････････････ 47
企業価値･････････････ 165，167
企業グループ･･･････････ 30，64
企業情報源･････････････････ 38
企業情報誌･･････････････ 9，179
企業評価･･･････････････････ 167
議決権･････････････････････ 26
キャッシュ・フロー･･････････ 110
金融証券取引法･････････････ 29

金融商品取引法
　　　……… 33, 54, 56, 58, 60, 62
グループ会社…………………… 10, 64
グループ経営………………………… 10
クレジットカード……………… 118, 138
決算………………………………… 48
　　──期…………………………… 48
　　──短信………………………… 62
現預金……………………………… 103
ゴーイング・コンサーン………… 104
公告………………………………… 55
効率性……………………………… 74
　　──分析………………………… 119
子会社…………………… 30, 32, 157
個人企業…………………………… 20
固定資産回転率…………………… 117
個別財務諸表……………………… 32
コーポレートガバナンス………… 148
コンプライアンス………………… 29

サ

財務会計…………………………… 156
財務資本…………………………… 140
財務諸表………… 49, 76, 119, 134
　　──分析……………… 4, 14, 72
財務スコアリングモデル………… 143
財務分析……… 5, 14, 70, 72, 119,
　　　　　　　　　　　124, 133, 158
財務レバレッジの効果…………… 87
採用情報…………………………… 41
3桁区切り………………………… 76
事業の継続性……………………… 108
自己資本比率………… 43, 99, 108
自社株買い………………………… 99
指数………………………………… 127
　　──化…………………………… 127
四半期……………………………… 48
　　──報告書……………………… 62

社会的責任……………………… 148, 149
社会的投資………………………… 150
社長………………………………… 27
収益性……………………………… 74
就職情報サイト…………………… 9, 39
出資者……………………………… 24
証券投資分析…………… 5, 165, 166
証券取引所………………………… 28
上場会社（企業）…… 28, 46, 64, 109
情報公開…………………………… 46
信用格付…………………………… 138
信用調査会社……………………… 65
ステークホルダー………………… 7, 148
成長性…………………… 74, 95, 96
セグメント………………………… 156
　　──分析……………… 158, 182
説明責任…………………………… 7
千進法……………………………… 77
総資本回転率……………………… 116
損益計算書………………………… 49

タ

貸借対照表………………………… 49
代表取締役………………………… 27
棚卸資産回転率…………………… 117
ツリーマップ……………………… 128
定性情報…………………………… 135
定性分析………… 5, 15, 71, 73, 134
定量分析…………………………… 72
適時開示………………………… 56, 62
　　──ルール…………………… 54, 62
手元資金…………………………… 104
手元流動性………………………… 105
　　──比率……………………… 106
デュポン分析……………………… 87
統合報告書……………………… 63, 149
当座比率…………………………… 105
投資家情報……………………… 41, 56

同族会社……………………… 65
取締役…………………………… 27
　　──会…………………………… 27

ナ

年金………………………… 25，151

ハ

買収…………………………… 167
配当……………………………… 24
　　──利回り………………… 170
比較…………………………… 124
東インド会社………………… 177
非財務資本…………………… 140
非財務情報…………………… 149
百分率…………………… 93，126
評点化………………………… 137
ファクトブック………………… 63
ファンダメンタルズ…………… 74
ファンダメンタル分析… 74，104，124
負債比率……………………… 109
ベンチャー企業…………… 97，141
法定開示………………… 56，62
簿記……………………… 46，77
ポジショニング分析………… 142

ポジショニングマップ……………… 128

マ

マージン……………………… 82
万進法………………………… 76
見えない資産………………… 140
見える資産…………………… 140
未上場会社（企業）……… 28，64，108
三越…………………………… 118
持株会社……………………… 31

ヤ

有価証券報告書… 9，53，54，58，60，
　　　　134，156，157，179，182
有限会社……………………… 20
融資審査…………………… 5，103

ラ

利害関係者……… 7，82，94，96，136
リクルートグループ………………… 44
流動比率……………………… 105
レーダーチャート…………… 128
連結会計…………………… 31，32
連結財務諸表………… 32，157，182

《著者紹介》

小野正人（おの・まさと）

1958 年	高知県生まれ
1982 年	東京大学経済学部卒業
	日本生命保険，ニッセイ基礎研究所などに勤務
1995 年	スタンフォード大学フーバー研究所客員研究員
1999 年	慶應義塾大学総合政策学部特別招聘助教授
2011 年	城西大学経営学部マネジメント総合学科教授
2020 年	國學院大學経済学部経営学科教授。現在に至る
	博士（経済学）

主要著書

『ゼミナール　これからの企業金融・財務戦略』東洋経済新報社，
　1992 年。

『ベンチャー　起業と投資の実際知識』東洋経済新報社，1997 年。

『起業家と投資家：アメリカのアントレプレナーシップの 200 年』中
　央経済社，2014 年。

『イチから学ぶビジネス　―高校生・大学生の経営学入門』創成社，
　2016 年など。

（検印省略）

2022 年 6 月 10 日　初版発行　　　　　　　　略称―企業研究

イチから学ぶ企業研究
―大学生の企業分析入門―

著　者　小野正人
発行者　塚田尚寛

発行所　東京都文京区
　　　　春日 2−13−1　　**株式会社　創成社**

電　話 03 (3868) 3867　　ＦＡＸ 03 (5802) 6802
出版部 03 (3868) 3857　　ＦＡＸ 03 (5802) 6801
http://www.books-sosei.com　振　替 00150-9-191261

定価はカバーに表示してあります。

©2022 Masato Ono　　　　　　組版：ワードトップ　印刷：エーヴィスシステムズ
ISBN978-4-7944-2602-4　C3034　　製本：エーヴィスシステムズ
Printed in Japan　　　　　　　　落丁・乱丁本はお取り替えいたします。

経営・マーケティング

イチから学ぶ企業研究 ―大学生の企業分析入門―	小野 正人	著	2,300円
イチから学ぶビジネス ―高校生・大学生の経営学入門―	小野 正人	著	1,700円
大学生のための国際経営論	岩谷 昌樹	著	2,800円
日本の国際経営の歴史と将来 ―アジアとの交易・投資の通史と国際交流―	丹野 勲	著	2,800円
新時代の経営マネジメント	中山 健 丹野 勲 宮下 清	著	2,400円
テキスト経営・人事入門	宮下 清	著	2,400円
環境経営入門 ―理論と実践―	金原 達夫	著	1,800円
ビジネスデザインと経営学	立教大学大学院 ビジネスデザイン研究科	編	3,000円
働く人のキャリアの停滞 ―伸び悩みから飛躍へのステップ―	山本 寛	編著	2,650円
働く人のためのエンプロイアビリティ	山本 寛	著	3,400円
やさしく学ぶ経営学	海野 博 畑 隆	編著	2,600円
おもてなしの経営学［実践編］ ―宮城のおかみが語るサービス経営の極意―	東北学院大学経営学部 おもてなし研究チーム みやぎ おかみ会	編著 協力	1,600円
おもてなしの経営学［理論編］ ―旅館経営への複合的アプローチ―	東北学院大学経営学部 おもてなし研究チーム	著	1,600円
おもてなしの経営学［震災編］ ―東日本大震災下で輝いたおもてなしの心―	東北学院大学経営学部 おもてなし研究チーム みやぎ おかみ会	編著 協力	1,600円
イノベーションと組織	首藤 禎史 伊藤 友章 平安山 英成	訳	2,400円
経営情報システムとビジネスプロセス管理	大場 允晶 藤川 裕晃	編著	2,500円

(本体価格)

創成社